20.—

Rüdiger   Ihr Name ist Apis

Nächste Seite: Ein Knabe mahnt den Vogel Bienenfresser, die emsigen Bienen ja in Ruhe zu lassen. Spätantikes Wandbildfragment (ergänzt) aus einer Villa in der römischen Provinz Illyrien (3. Jh. n. Chr.)

Wilhelm Rüdiger

Ihr Name ist Apis

Kulturgeschichte der Biene

Vorwort von
Karl August Forster

Ehrenwirth

CIP-Kurztitelaufnahme der Deutschen Bibliothek

Rüdiger, Wilhelm
Ihr Name ist Apis: Kulturgeschichte der Biene. –
1. Aufl. – München: Ehrenwirth, 1977.
  ISBN 3-431-01947-1

ISBN 3-431-01947-1
Reproduktionen: Osiris, München
Druck: Ebner, Ulm
Printed in Germany 1977

Mein Vater hatte eine kleine Bienenzucht mit vierundzwanzig Völkern. Seine Freude an der Natur und allen Tieren hatten ihn zu dieser Liebhaberei geführt. So kam ich schon in frühester Jugend mit Bienen in Berührung, habe Völker »umgeweiselt«, Schwärme eingefangen und natürlich auch Honig geschleudert. Später, beim Studium der Medizin, Chemie und Pharmakologie, stieß ich auf die therapeutische Wirkung des Bienengifts und baute für eine pharmazeutische Verwendung dieses Heilgifts mit den Jahren den größten deutschen Bienenzuchtbetrieb mit rund 1300 Völkern auf.

Von dem »wilden Wurm« – wie das mit keinem Mittel domestizierbare Bienenvolk bei manchen deutschen Stämmen genannt wird, ging für mich eine solche Faszination aus, daß ich alles sammelte, was mit Bienen zusammenhing. So kam ich zu den graphischen Blättern mit Bienen- und Imkermotiven, heute rund 250 Kupferstichen, Holzschnitten, Zeichnungen, Aquarellen und Lithographien. Und ich erkannte an ihnen, wie Mensch und Biene in allen Zeiten und Kulturen eng miteinander verbunden waren. Sichtbar wird dabei das oft Mystische der Wechselbeziehungen, die vom Kinderlied und Aufzählreim bis zur Zauberformel und österlichen Kerzenhymne, vom Honigraub der Steinzeitdamen bis zur Mumifizierung Gestorbener mit Hilfe von Bienenwachs reichten.

So entstand der Plan einer Kulturgeschichte der Biene, in der, quer durch Zeiten und Völker, Erdteile, Kulturen und Epochen,

ARISTÆVS
INVENTOR MELLIS

»ARISTÄUS, Erfinder des Honigs«,
lautet die lateinische Inschrift.
Aristäus, eine vorgriechische antike Gottheit,
gilt aber auch als Sohn des Apollo und der Nymphe Cyrene.
Nach einer Zeichnung des Frans Floris von Hendrick Goltzius
(1558–1617) in Kupfer gestochen.

die praktischen wie die geheimnisvollen Verbindungen zwischen Mensch und Biene aufgezeigt werden sollen. Ausgangspunkt dieser kleinen Kulturgeschichte bildet meine Bienen-Graphiksammlung mit Blättern, die vom 15. Jahrhundert bis ins 19. Jahrhundert reichen. Erheblich erweitert wurde das Bildmaterial durch den Autor des Buches, der in vielfältiger Forschungsarbeit mit literarischen Quellen, in Museen und volkskundlichen wie naturwissenschaftlichen Sammlungen höchst charakteristische Beispiele zusammengetragen hat, die hier zum erstenmal in geschlossener Form dargeboten werden.

»Der Bien«, wie das Bienenvolk genannt wird, ein Sammelorganismus aus vielen Tausend Einzelwesen, Fleiß- und Arbeitswundertieren mit einer rätselhaft funktionierenden Sozialordnung, war für Dichter, Philosophen, Fabulierer und Gesellschaftskritiker schon immer ein willkommenes Paradigma für Mahnungen, Vorwürfe und Gleichnisse. Alle diese Aspekte und darüber hinaus noch viele andere, heitere und nachdenkliche naturwissenschaftliche und metaphorische, versuchen Text und Bild dieses Buches dem Imker ebenso wie dem naturwissenschaftlich-kulturgeschichtlich interessierten »Laien« nahezubringen.

Besonders wichtig erscheint mir aber gerade zum heutigen Zeitpunkt dieses Buch, da die Gattung Biene und deren Pflege und Nutzung durch den Menschen von dem, was wir »Zivilisation« nennen, bedroht wird und eines Tages vielleicht einmal deren Opfer werden kann.

Karl August Forster

Dieser Band entstand mit der freundlichen Genehmigung der Firma Mack/Illertissen, die auch die Reproduktionen zur Verfügung stellte.   *Der Verlag*

Der Bernsteinsarg

Als vor rund fünfzig Millionen Jahren der Mensch sich aus jenem Zweibeinerwesen herauszuentwickeln begann, das die strenge Wissenschaft – nicht ohne Humor – auf den Namen ›Proconsul‹ getauft hat, schwirrten bereits Insekten durch die Welt. Vetter Affe, vom gleichen Urvater abstammend, begann eigene Wege zu gehen. Der Norden war damals noch warm: In Spitzbergen wuchsen Laubbäume. Huftiere und andere Vierbeiner, dazu Affenmenschen sowie Menschenaffen krabbelten auf der Erde herum, und das ›Heer der Insekten‹, von dem Joseph Haydns ›Schöpfung‹ singt, war in vielen Gattungen schon vorhanden.

Während sich unsere Urahnen in sozial noch kaum geordneten Grüppchen um Ernährung und Fortpflanzung balgten, hatten unter den geflügelten Kerbtieren die Bienen schon eine staatliche Ordnung: Die Biene, das erste konsequent durchorganisierte ›zoon politikon‹ auf dem sich nach und nach bevölkernden Erdball. Es ging dabei nicht ohne Katastrophen und Unglücksfälle ab. Denn wie die Saurier ›zu tief in die Kreide kamen‹ – wie es in Viktor von Scheffels Studentenlied heißt –, so gerieten oben im Baltikum, ein paar Äonen später, etliche Exemplare der Spezies *Apis mellifica* unvorsichtigerweise in flüssiges Baumharz und wurden darin für die Ewigkeit einbalsamiert: in einem honigfarbenen glänzenden Bernsteinsarkophag, königlicher und dauerhafter als die ägyptischen Pharaonen.

Im Bodensatz der folgenden Erdzeitalter tauchen sie wieder und wieder auf, diese Bienen, 25 Millionen und mehr Jahre später, aber in ihrer Gestalt kaum verändert. Eine ganze Schwadron

VOR RUND 50 MILLIONEN JAHREN – im Eozän – wurde im Baltikum diese Biene von flüssigem Harz eingeschlossen und ruht seitdem in dem kaum drei Zentimeter großen Bernsteinsarg.

von siebzehn Bienen z. B. hatte der rote Marmorsinter in der Rauhen Alb bei Böttingen eingefangen. Die Bienenkörper zerfielen in dem Marmorgrab, doch ihr Negativ blieb im Stein verewigt. Man machte es damit ähnlich wie in Pompeji, wo Mensch und Tier von der Lava überrascht worden waren: man goß die Hohlräume aus, mit dem Erfolg, daß die fossile Biene ebenso von neuem entstand wie der antike Mensch und der antike Hund Pompejis aus der Lavamasse des Vesuvs.

Im Blick auf die endlosen Räume der Erdgeschichte kommt es dann eines Tages zu der Begegnung dieses ›Proconsul‹-Abkömmlings, des ›homo‹, der noch nicht so ganz ›sapiens‹ war, mit den schwärmenden Nomadenvölkern der Bienen, in deren Lebensbezirke und -gewohnheiten er raubend und zerstörend einbricht. Nicht unüberlegt wie etwa der Bär, der mit dicken Pfoten hineintappt, sondern wohl berechnend, ›mit Kopf‹. Denn der Mensch hatte bald heraus, daß man warten mußte, bis in der summenden Höhle die süßen Fladen, um die es ihm ging, aufgebaut waren. Dann erst war die Jagd lohnend.

Ein Steinzeitkünstler hat diesen Vorgang an eine spanische Höhlenwand gemalt. Wollte er mit dem Bildzauber den Jagderfolg beschwören? Die erfolgreiche Honigernte beschwörend ins Bild ›bannen‹?

In Altamira in Spanien oder im französischen Lascaux sind es Rind und Wild, denen sich der Jäger-Maler erst einmal ›in effigie‹ bemächtigte, um ihre Kraft zu fesseln und sie um so sicherer erlegen zu können. Jede Jagd erforderte neue Bildbeschwörung. Darum liegen die Bilder in den Höhlen kreuz und quer übereinander, nur die Mal-Zeremonie – eine Art ›Jagd-Gottesdienst‹ – war wichtig. Das Bild selber war durch den Jagdvorgang überholt und hatte dann alle Kraft verloren.

DER BÄR entdeckt in einem Baumstumpf die süße Honigspeise. Handkolor. Kupferstich von J. D. Meyer, Nürnberg, um 1720. (Maße des Bären: ›6 Schu 3 Zoll hoch‹ = etwa 2,15 m)

Der Bär.

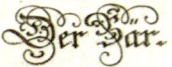

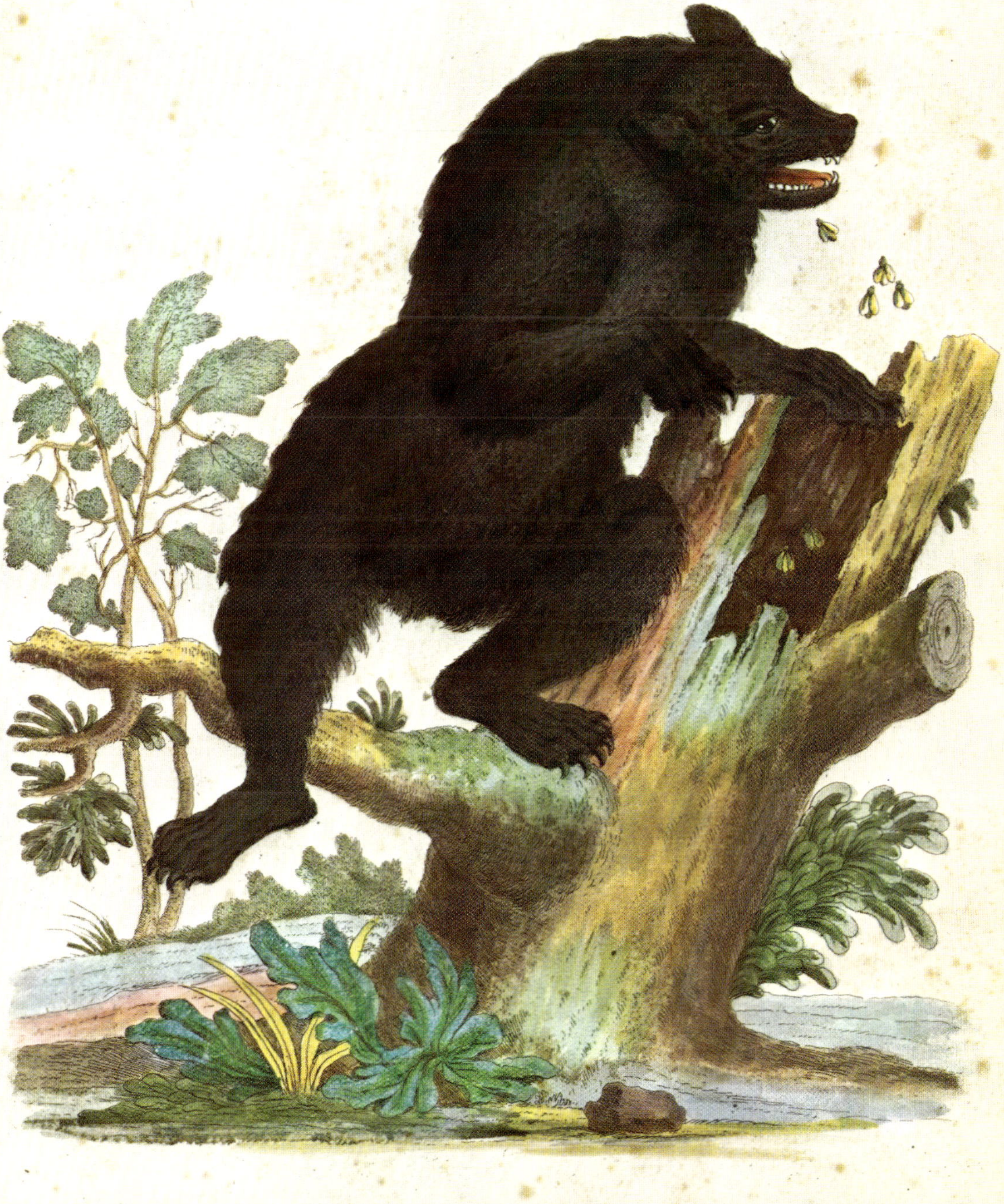

J. D. Meyer ad viv. fec. et exc. Norib.   6 Schu z. Zoll hoch.

Wir machen uns falsche Vorstellungen, wenn wir solche Gemälde als ›Kunst‹ oder etwa gar als banale ›Illustration‹ des täglichen Lebens ansehen. ›Kunst‹ hatte damals, und noch viele Jahrhunderte bis an unsere Neuzeit heran, keine Bedeutung im ästhetischen Sinn, sondern nur einen Zweck, der allein wichtig war: hier nämlich, mit allen Mitteln Beute zu machen. Was wir heute als ›Kunst‹ erkennen, war nur so nebenher mit dabei und wurde in seiner Eigenart als ästhetisches Genußmittel dem Menschen erst nach und nach bewußt.

Der spanische Steinzeit-Picasso malte an seine Wand zwei Ein Steinzeit-Picasso menschliche Wesen, unverkennbar weiblichen Geschlechts, will mir scheinen, an einer endlos langen Strickleiter, die eine unten, die andere breithüftig oben auf der Leiter, wie sie mit dem Arm hineinlangt in das Felsennest der Bienenwohnung, umschwirrt von einem Wirbel aufgeregter Bienen. In der anderen Hand hält sie einen Beutel zur Aufnahme der Waben, die sie aus dem Bienengestöber herausangelt[1].

Vielleicht zwölftausend Jahre alt ist dieses Felsbild in den Cuevas de Araña bei Bicorp, nicht weit von Valencia. Ein Dokument, wie sich der Mensch auf seine aggressive Weise mit allen Mitteln die Erde und was drin lebt untertan zu machen beginnt.

Dabei bestimmen sein Mut und seine Intelligenz den Aktionsradius. Er stöbert seine Beute auf. Mit Keule und Speer oder auch mit dem nackten Arm.

Für den Steinzeitmenschen und noch viele Jahrhunderte lang bis zur Entdeckung des Zuckerrohrs muß der süße Honig etwas Einzigartiges gewesen sein, eine Art flüssiges Gold, das man

---

[1] *Unsere Aufnahme zeigt nur die obere der beiden Gestalten*

AN EINEM SEIL ist die Steinzeitfrau zur Bienenwohnung die Felswand
hinaufgeklettert und holt dort, umschwirrt von aufgescheuchten Bienen –
oder bedeutet der Wirbel ›Rauch‹? – die Waben aus der Höhle.
Felsbild (ca. 70 cm hoch) aus den Cuevas de Araña bei Bicorp, Valencia.
Etwa 12 000 Jahre alt.

in Felsenklüften entdecken konnte. Vielleicht hielt die Steinzeit-
menschheit schon damals das weibliche Wesen für besonders
geeignet, wenn es um verborgene Süße ging? Spätere Männer-

kulturen allerdings behaupteten arrogant, daß Bienen durch den Geruch ›unreiner‹ Frauen sich irritiert fühlten. Sie machten es darum anders: Sie kauten den Honig – also ›Scheibenhonig‹ –, den sie für ›muskelbildend‹ hielten, gleich samt der Wabe: Anabolika der Steinzeitmänner!

Wie kostbar den früheren Menschen der Honig war, hört man aus den Poesien aller alten Völker. Wollten sie etwas besonders Köstliches bezeichnen, etwa Weib, Kind, Melodie, Stimme, Schlaf, Liebe und dergleichen, so sagten sie dazu in allen Sprachen ›honigsüß‹. Damit wird zum Beispiel in alten deutschen Weihnachtsliedern auch das ›Jesulein‹ etikettiert. ›honigsüß‹

Doch das ist ein anderes Kapitel, hier geht es um die Bienenwohnung. Zunächst kein Korb, keine Bienenstöcke, in Reihen aufgebaut, in die sich später im Menschenbereich die *apis mellifica* bequemte, sondern eine Zuflucht irgendwo im Dunkeln, schwer zugänglich für Feinde und Räuber. In einer Felsenspalte nistete sie, in Höhlen, Erdlöchern und in hohlen Bäumen. Das Bienenvolk braucht den Schutz einer Behausung, da es seine Wabenwände mit den Zellen für Nahrung und Nachwuchs ›nackt‹, d. h. ohne Umhüllung, aufhängt. Für den Sommer war solche luftige Villa wohl möglich, für den Winter aber wäre das eine Katastrophe. Darum suchen sie Schlupfwinkel auf, die sie mit eigener Wärmeproduktion zum Überleben kunstvoll temperieren. Von dieser ›Zentralheizung‹ wird später noch die Rede sein.

Die Vettern des ›Biens‹, wie der Imker das Gesamt des Bienenvolks nennt, die Wespen, umgeben zwar ihre Nester mit Hüllen, können aber darin nicht überwintern. Die knittrig lampionartigen Kugeln liegen im Frühjahr leer herum. Das Volk ist ausgestorben. Es muß sich erst wieder aus Einzelexemplaren ›Der Bien‹

B. Picart del. 1730.   *Abeille de grosseur naturelle.*

Ruche dessinée d'après nature dans le Jardin de Medecine d'Amsterdam.

GLÄSERNER BIENENSTOCK, sechseckig, im Medizingarten von Amsterdam.
Kupferstich von Picart. Aus einer 1730 in Paris erschienenen Enzyklopädie.
Illustration zum Artikel ›mouche à miel‹.

– stets Königinnen, mit Samen angefüllt –, die unter günstigen
Bedingungen geschützt den Winter überlebt haben, für die neue
Saison aufbauen. Der ›Bien‹ dagegen, der sich anpaßt, lebt
viele Generationen lang – ein unsterblicher Staat.

Cum Argumentis, Summarijs, & Indicibus locupletiſſimis.

ROMAE, Typis Vaticanis. MDCXL.

Superiorum auctoritate, & Priuilegijs.

BIENEN IM PAPSTWAPPEN Urbans VIII. aus dem Hause Barberini.
Kupferstich von der Titelseite der ›Entscheidungen der Sacra Rota‹ des Päpstlichen Gerichts
in kirchlichen Fragen, aus dem Jahr 1640. An anderer Stelle wird
das Barberini-Wappen von dem Wahlspruch ›Mens omnibus una‹ begleitet.

An die Leine genommen

Der ›wilde Wurm‹ »Im Jahr 1766 hat ein Herr Wildermann – in der Nähe von Göttingen heißt es – eine Bienenkönigin gezähmt und sie an einem seidenen Faden spazierengeführt. Der ganze Schwarm saß dann dem Bienendompteur auf dem Leib.« Das klingt wie ein Fabelscherz aus der Wieland-Zeit und ist natürlich barer Unsinn. Ein Bienen-Münchhausen hat hier sein brillantestes Imker-Latein zum besten gegeben. Aber wenn man das richtige Ohr dafür hat, hört man daraus den grämlichen Ärger aller Bienenväter: Warum kann man dieses Tier nicht zähmen wie Pferd und Hund oder wie Kuh und Huhn? Wenn es bei so vielen anderen Tieren gelungen ist, sie als Haustier zu domestizieren, warum macht dann der einzigartige Zuckerlieferant Biene dem Menschen solche Schwierigkeiten? Er geht nicht ins Joch und nur mit Vorbehalt in die Fallen der aufgestellten Bienenkörbe und Bienenstöcke aller Art. Dabei kommt es jedes Jahr zu Befreiungs- und Ausbruchsversuchen, dem ›Schwärmen‹ – und der Imker hat dann seine liebe Not, ihn wieder einzufangen, den ›wilden Wurm‹ – wie der ›Bien‹, das Bienenvolk, im Sächsischen, im Richard-Wagner-Land, im Mittelalter genannt wurde. Das klingt nach Nibelungengold und Fafner, dabei besagt der komisch-pathetische Stabreim ›wilder Wurm‹ doch nur, daß die summende Wolke eines aus vielen tausend Einzelkörpern zusammengesetzten Bienenvolks sich nicht dem Menschenhaushalt einpaßt und nach eigenen Gesetzen lebt. Bis es auch dem Menschen mit List und Tücke gelang, Lebensgewohnheiten und Produktion der ›Bienen-Kolchose‹ für sich auszunutzen.

BIENENKÖRBE GEGEN DIE ANGREIFER.
Kissingen, Celle und andere Städte sollen nach antikem Vorbild
im Dreißigjährigen Krieg den Sturm der Schweden abgewehrt haben.
Kupferstich von A. van de Venne, Amsterdam 1658.

Jedoch: die Königin am seidenen Faden spazierengeführt, ist
ein Märchenbild, zoologisch noch absurder als jener Schwan,
auf dem Lohengrin in Silberrüstung über wilde Meereswogen
an die Schelde gezogen kam, Elsa von Brabant zu Hilfe.

Und allein ist die Königin niemals, kann sie gar nicht sein! In
der Wiege und in der Jugend wird sie herausgefüttert von ihren

Das Liebesparfüm
der Königin

Hofdamen. Und wenn sie zum erstenmal ausgeht – beim Hochzeitsflug –, gleich ist sie Ziel und Mittelpunkt einer sexuell rasenden Männergemeinschaft, die mit ihr in dichter Wolke durch die Luft tobt[1]. Das Resultat dieser Luft- und Lustreise? Sie wird die große Mutter eines ganzen Volks, umhegt und gepflegt von ihren Dienerinnen, stetig beleckt und gefüttert von einem glitzernden Kranz von Arbeitsbienen, die so etwas wie Maschinisten sind, die die ungeheure Gebärmaschine – mehr als eine halbe Million Eier legt sie vom Februar bis zum September – in Betrieb halten müssen. Dabei wirkt die Königin, die götzenhaft-plump nur schwer beweglich ist, mit Millionen Samenfäden im Leib, auf geheimnisvolle Weise auf ihren Hofstaat und das ganze Volk zurück: Sie sondert ein Hormon (Pheromon) aus, das den weiblichen Arbeitsbienen, die die Königin umdrängen, ihre eigene Geschlechtssubstanz völlig degenerieren läßt. Binnen kurzem ist das ganze Weibervolk im Stock angesteckt, und der weibliche Geschlechtstrieb, der im Hilfsdienst für die große Gebärerin des Volkes noch indirekt wirksam war, wandelt sich, wenn die Legezeit zu Ende geht, in einen Bautrieb um, dessen Antriebsstoff wiederum eines jener Pheromone ist, mit denen die Königin das ganze Volk ihrem eigenen Lebens- und Fruchtbarkeitsrhythmus anpaßt. Auch untereinander geben sich die Bienen mit Duftstoffen Signale und Alarmzeichen. Ein seltsames nymphenhaftes Volk,

---

[1] *Der Duft, den die Königin in der Brunstzeit ausscheidet, ist offenbar so stark, daß sogar kleine Vögel mit der Königin zu kopulieren versuchen, übrigens auch mit Arbeitsbienen, wie Ruttner beobachtet hat. – Der Sexuallockstoff wird erst aktiv, wenn die Königin die ca. 20 m über dem Boden liegenden Drohnensammelplätze erreicht hat, und reicht bis zu 70 m weit, so daß auch stockfremde Drohnen an der großen Begattung teilnehmen können.*

das sich mit Tanzrhythmen und Duftwolken verständigt! Die chemische Zusammensetzung der meisten dieser Sozialhormone ist der Wissenschaft bereits bekannt[1].

Die Biene, deren Einzelexistenz wir beim Stich in die Hand recht schmerzhaft empfinden, ist nur Teil eines sozialen Organismus. An einem unsichtbaren Faden ist sie an die Gemeinschaft gebunden. Einzeln kann sie nicht leben. Versuche haben ergeben, daß sie, von der Gruppe getrennt, auch unter günstigsten Ernährungsbedingungen, nach fünf, sechs Tagen zugrunde geht.

Königin, Arbeitsbienen, Drohnen sind nur Funktionen eines Überorganismus, vergleichbar etwa dem Leben einer Schwammkolonie, jedoch in seinem Lebensrhythmus von größerer Fluktuation und weiterem Aktionsradius. Dabei sind alle Teile untereinander verbunden durch einen gemeinsamen Kreislauf von Nahrung, Hormonen und Vitaminen. Und nicht nur durch Hormone und Instinkte. Die Glieder des ›Biens‹ können sich in Grenzen auch untereinander verständigen mit einer Sprache: einer die Genossinnen allmählich ansteckenden Tanzsprache, die Karl von Frisch[2] erforscht hat und die der Mitteilung von Trachtplätzen und deren Entfernung vom Stock gilt.

Düfte und Tänze als Sprache

Der berüchtigte Bienen-Staatsgedanke ›Du bist nichts, dein Volk ist alles‹ hat sich für den Menschen, der in seiner Erdenbestimmung eben mehr als nur ein ›Funktionär‹ ist, als unbrauchbar, als wahrhaft unmenschlich erwiesen. Wohl sollen soziale Bienen gegenüber Einzelbienen das besser entwickelte Gehirn haben (auch solche Einzelgänger gibt es unter den

Die Königin — eine Gebärmaschine

---

[1] vergl. *H. Rembold, Biochemie der Kastenbildung bei der Honigbiene. In ›Naturwissenschaftliche Rundschau‹ Band 26, Heft 3, März 1973, S. 95–102.*

[2] *Karl v. Frisch, a. a. O. S. 104 ff.*

DIE KRETER NASCHEN in der Höhle des Zeus-Babys dessen Nahrung, den Honig, und betrinken sich an Met. Zur Strafe fallen die Bienen über die Diebe her und stechen sie an den empfindlichsten Körperteilen. Schwarzfigurige griechische Amphora aus dem 6. Jh. v. Chr. (Antikenmuseum, Basel)

Apiden, wenn auch nicht in der Honigsammlerrasse!), so sagen wenigstens die Bienenforscher. Doch hier wird das Analogisieren zwischen Menschengemeinschaft und Bienengemeinschaft zur Farce, wie es umgekehrt ein ganz und gar unpassender Anthropomorphismus ist, von der ›Königin‹ des Bienenvolks zu reden. Sie ›herrscht‹ nicht, sie ist nur die mit aller Vorsicht zu behandelnde kostbare Gebärmaschine des Volkes, der Sammelschoß, aus dem sich das Volk erneuert. Sie wird, mit ihren ›Untertanen‹ verglichen, uralt. Ihre Lebenserwartung liegt mit vier bis fünf Jahren rund fünfzigmal höher als bei den gewöhnlichen Arbeitsbienen, die nur einen Sommer lang tanzen, kaum sechs Wochen, dann ist eine neue Generation da. Sind genügend Zellen und Nahrung vorhanden, schlüpfen in den Sommermonaten in einem Stock täglich 1000 bis 3000 Bienen[1].

Die Männer des Volkes, so gut sie vorher als potentielle Stammväter herausgefüttert und gepflegt wurden, sind im Spätsommer zu nichts mehr nütze, ob sie beim Hochzeitsflug nun ihre einmalige Lebenschance, mit einer Königin zu kopulieren, ergriffen oder verpaßt haben: Der Überorganismus stößt seine Zeugungsglieder ab. In der ›Drohnenschlacht‹[2] befreit er sich im Hinblick auf den kommenden Winter von den unnütz gewordenen Organen – und Essern.

Unnütze Männer

---

[1] *Die Bienenlarve macht in den ersten sechs Tagen eine ungeheuerliche Entwicklung durch. Sie nimmt von 0,3 Milligramm auf 155 Milligramm also das 500fache des eigenen Gewichts zu. Vergleich mit dem Menschen: Ein 6-Pfund-Säugling wäre nach sechs Tagen dreißig Zentner schwer. Freilich hinkt der Vergleich, denn von der Empfängnis an gerechnet, sind Embryo- und Säuglingswachstum ähnlich gigantisch.*

[2] *Es handelt sich dabei jedoch nicht um eine ›Bartholomäusnacht‹, wie sie manche Bienenpoeten geschildert haben, in der auf ein bestimmtes Zeichen hin sich die Arbeitsbienen auf die wehrlosen Drohnen stürzen, vielmehr werden diese nicht mehr gefüttert, der Zutritt zum Stock wird ihnen verwehrt – sie gehen elendig zugrunde.*

IN DEN UMGEDREHTEN BIENENKÖRBEN mustern die drei Männer an einem
Kapitell der Madelaine-Kirche von Vézelay (um 1120) den süßen Segen,
der ihnen beschert ist.

De
BYE KORF
des
GEMOEDS,
door
JAN LUIKEN.

Te AMSTELDAM, by KORNELIS van der SYS, Boekverkoper.

DER BIENENKORB DES GEMÜTS, Titelseite aus einem Erbauungsbuch
von Jan Luiken mit einem Stich des Verfassers. Amsterdam 1711.

Immenzaun und Bienendom

In Rotterdam gibt es ein großes Kaufhaus mit dem Namen ›de Bijenkorf‹. Die Leute wimmeln bienengleich ein und aus. Das Haus freilich ist kein Korb, sondern aus Beton gebaut, ein moderner Kasten. Genauso sind die meisten Bienenkörbe nicht geflochten, es sind Kästen, Halbfertighäuser aus Holz, mit Fluglöchern in mehreren Etagen übereinander, zusammengesetzt in langen Wohnblockzeilen – etwa wie die Wohnsilos im Märkischen Viertel in Berlin. Auch darin übrigens diesen ähnlich, daß sie verschiedenfarbig angestrichen sind. Sie sind das nicht um des lustigen Bildes und der guten Laune willen. Farben sind für Bienen so etwas wie Hausnummern, sie erkennen daran ihre Wohnung wieder, wenn sie vom Flug zurückkehren. Wenigstens vier Farben – weiß, schwarz (oder dunkelrot), blau und gelb können sie unterscheiden[1].

Farben als Hausnummern Erst bei den einförmigen modernen Massenquartieren wurden diese Farbhausnummern wichtig. An sich orientiert sich die Biene, und zwar vorzüglich, an der Umgebung. Sie hat einen ausgezeichneten Ortssinn, der bei Flügen bis vier und fünf Kilometer weit vom Stock weg auch nötig sein dürfte. Aber wenn Dutzende von gleichen Wohnungen und Wohnungseingängen ohne jede Kennzeichnung über- und nebeneinander stehen, muß das ja das Facettenauge der Biene verwirren. Die Farben sind da die einzige Rettung.

---

[1] *Den Bienen gibt die Fähigkeit, auch das Ultraviolett zu sehen, ein reiches, vielfältiges buntes Bild, von dem der Mensch, dessen Farbsehraum bei violett endet, nichts ahnt.*

Erst der Mensch hat solche Bienensiedlungen angelegt. Schon
mit den gemütlichen zwei Reihen von strohgelben Bienenkörben, dem ›Immenzaun‹, im bäuerlichen Obstgarten wurde
die Orientierung schwieriger als in den guten alten Zeiten der
Bienenprähistorie, als sich jedes Volk noch einzeln seinen Unter-
schlupf suchte. Hohlräume brauchten sie zum Leben und Überleben. Der Mensch merkte sehr bald, welcher Art diese sein
mußten und baute sie ihnen. Im Niltal, wo die Bienen in trok-
kene Rinnen und Risse an der Lehmuferwand krochen, bot er
ihnen schon vor sechstausend Jahren zur Wohnung gebrannte
Tonröhren an, die natürlich zum Aufhängen der Wabenvorhänge nicht gerade ideal waren. Oder man bohrte, in Maze-
donien z. B., Löcher in die Lehmwände. Wenn dann ein Volk
in die leerstehende Wohnung einzog, kam flugs der Bauherr
und brachte neben dem Eingang seine Eigentumsmarke an: Das
ist mein Volk. Diese Marken waren plastisch aus Kuhmist ge-
formt.

Im flachen, ebenen Gelände ging man anders vor. Hier mußten
den Bienen richtige Häuser gebaut werden, aus Lehm, Ruten-
flechtwerk oder Stroh – Miniaturausgaben der eigenen Behau-
sungen, ebenso ohne Boden wie die Pfahlrundbauten in Afrika
oder in der Südsee. Der Imker flocht einen endlosen Strohzopf,
legte ihn in Spiralen oder befestigte immer weitere Strohwurst-
ringe übereinander, bis der Korb fertig war.

Wo das pflanzliche Material fehlte, bauten die wilden Männer,
nach dem Modell ihrer eigenen oft kunstvollen Terracotta-Kup-
pelwohnungen, Lehmrundhütten, gewissermaßen ›Schatzhäu-
ser des Atreus‹ en miniature, Tonglocken, die auf der blanken
Erde standen.

Diese Bodenlosigkeit war hier ebenso wie bei den Strohstülpern

Strohzopf und
Regenpelerine

26

JAGDHUND und drei Bienenstöcke mit Strohmänteln.
Handkolorierte Lithographie, Paris 1838.

notwendig. Denn nur so konnte man, ohne es zu beschädigen, das ganze Honig-Schatzhaus wegnehmen, um an den süßen Inhalt heranzukommen. Daraus spricht schon hochintelligente Imkerei: auf primitiverer Stufe ließ man die Bienen noch in Flaschenkürbisse kriechen und zerschlug dann, wollte man Honig schlecken oder die Waben kauen, den Bewohnern einfach ihre Behausung. Die Strohkörbe, wohl bequem zu kippen, um die Waben herauszuschneiden, hatten einen großen Nachteil: wie ein Schwamm zogen sie die Nässe an, nur manchmal schützte das vorspringende Hausdach. Standen die Körbe im Freien, hängte man ihnen – ein genialer Einfall – eine dichte Stroh- oder Schilfgarbe als Pelerine um. Im Sommer lief das Regenwasser daran ab, im November machte man daraus einen Wintermantel – aus Eis: Wasser, über die Schilfbündel gegossen, wurde in der Nachtkälte hart und fest, der fallende Schnee in den nächsten Tagen legte darauf seinen wärmenden Pelz.

Merkwürdigerweise ist diese Art von Bienenfürsorge bei den alten Germanen zu Haus. Für unsere Vorstellung will der ge- mütliche, gemütvolle Bienenstock an der warmen Stallmauer nicht so recht passen zu den Leuten, deren Hauptberuf es war, den ganzen Tag im Wald zu jagen oder auf der bekannten Bä- renhaut zu liegen, wenn es nicht gerade irgendwo einen Krieg gab oder eine Rauferei kleineren Ausmaßes. Dort im Wald hätten sie wie Auerochs, Hirsch und Reh auch den ›Bien‹ jagen können, der überall in hohlen Bäumen hauste und Honig fabri- zierte. Sie übersahen dessen Tätigkeit im Wald jedoch völlig, holten ihn aber von dort zu sich nach Haus, im Gegensatz zu den östlichen Nachbarn, die den ›wilden Wurm‹ im Wald auf- suchten und dort den Honig ›erbeuteten‹.

Übrigens verrät die Sprache mit der gängigen Vokabel ›erbeu- Die ›Beute‹ ten‹ die Bedeutung und Wichtigkeit der Imkerei im Volksleben: ›Beute‹ – damit ist jenes Loch im hohlen Baum gemeint, in dem die wilden Bienen ihre Wohnung bauten. Derjenige, der den Baum ausnahm, machte seine ›Beute‹. Auch im Slawischen heißt der ausgehöhlte Baum ähnlich – ›bity‹. Die Vorfahren aller Beutners waren also Waldimker, Honigerbeuter. Auch die

APIS EIN YME beginnt das 12. Kapitel auf dem Traktat ›Von den Vogelen‹ der zu einem ›Garten der Gesundheit‹ (Hortus sanitatis, Strassburg um 1500) gehört. Der Holzschnitt (rechts) zeigt zwei Baumstümpfe als Klotzbeuten für Bienen.

geschrey\ vñ giessen das blůt vß yrē auge
vor grossem schmertze. ¶ Vß de̅ bůch der
natur. Azalon ist ein kleyner vogel der
zerbricht der rappē eyer. Des iu̅ge̅ werde̅
von de̅ füchsen beledygiger. Der fuchs zer/
rysset die iunge\ vñ der vogel azalo̅ auch
den fuchs. So das der rapp sycht kompt
er de̅ fuchs zehilff\ als wider yre̅ gmeine̅
feind. Diser vogel lebt in den dorne̅\ dar/
um haßt er die esel\ die de̅ dorn blůme̅ vñ
bletter essen. ¶ Actor. Azida (nach der le/
re Phisilogi) ist der struß selber\ daruon
hernach gesеyt wиrt.

Das .xij. Capitel

A Rdeola\ Ardea\ Azalon vñ Azi
da seint vögel also genant. Isido.
Ardeola würt genant als ein ho/
her schwerer vogel\ vm̅ seins strenge̅ ho/
hen flugs willen. Darumb spricht Lu/
canus. So er höher flügt\ bedüt er schön
wetter. Den heyssen auch vyl Tantalů
Pli.x. Der ardeolen seint dreyerley\ Leu
con\ Asterias\ vnd Pellos. die mere̅ sich
in de̅ fuglen\ dañ so die menlin fugle̅ mit
grossem geschrey giessent sie das blůt vß
yren auge̅\ vnd nit destermin̅der geberen
sie schwerlich. Die feldmůß sorices vñ ar
deolen streitend widereinander\ vñ seint
yren iungen durcheinander vffsetzig. Pli
nius .xvj. Man sagt dz das geschlecht d'
ardeolen die sie Leucos heyssent\ eins au/
gens mangelt. ¶ Vß de̅ bůch der na. Ar
dea ein reygel: wiewol der vogel sin spyß
im wasser sůcht\ so setzet er doch sein nest
in die weld vnd vff die hohe böum. Mā
sagt aber wie er sein iunger mit wonder/
barer stercke beschirm. Der habich ist jn̅
widerwertig\ aber der reygel kert im den
arß vnd scheysset vff jn: so derselb kot des
habichs federn berůtt\ so faulen sie. Die
seint der mererteyl eschfar\ vñ etlich weyß
Ein gschlecht ist vnder ůne̅ dere̅ menlin
werde̅ geengstiget in de̅ fuglen mit große̅

A Pis\ ein yme. Aristo. Ein yme ist
ein rotund thier\ hat ein glidlin vß
seine̅ mund gon\ durch welches es
rücht vnd schmeckt\ auch die speiß zů im
zücht vnd entpfäh er. Es hat keyn blůt\
vnd hat zene gleich andern thiere̅\ vnnd
flügt mit siner geselschafft\ hat ein leichtē
cörper\ vier flügel vñ z we̅ füß vff d' rech
ten seitē\ vñ zwen vff der lincken\ vnd nit
mer vff dz es sein flugk nit hyndere. Diß
thier nympt keyn lufft an sich\ es athmet
auch nit\ vnd yßt honig\ allermeyst zůr
zeyt seiner grossen not: darum so sie anfa
hent schwach zewerde̅\ scheinet der honig

Büttners gehören hierher, denn die Holzbütte, der Backtrog, der Waschtrog, das Schaff u. a. sind aus dem gleichen Material wie die Holzbeute, die am gewachsenen Baum, im Baumstamm mit einem eigens dafür entwickelten Haubeil zurechtgezimmert und dann mit Brettern wieder verschlossen wurde.

Im Dienst von Herren, Fürsten, Herzögen und Königen, denen der Wald mit seinem gesamten Inhalt, und damit auch die Bienenjagd, sowieso gehörte, wurden sie ein eigener Berufsstand, die sogenannten ›Zeidler‹, der bis ins 18. Jahrhundert hinein, also bis zur einsetzenden großen Waldrodung und bis zur Extensivierung der Landwirtschaft, seine Bedeutung behielt.

Olaus Magnus, Erzbischof von Schweden, der den alten Glauben nicht aufgeben wollte und, von seinen Landsleuten, den Neuprotestanten, vertrieben, seit 1539 in Rom lebte, schildert in seinem Buch ›Historia de gentibus septentrionalibus‹ (Rom 1555), einem Buch, das noch ein Jahrhundert lang in vielen Sprachen gedruckt wurde, in vierzehn Kapiteln auch die Imkerei bei den ›nördlichen Völkern‹, womit vornehmlich Polen, Russen, Schweden und Litauer gemeint waren. Aber Olaus, ebenso Bienenfreund wie der heilige Ambrosius von Mailand, war mit derselben Leidenschaft sowohl Historiograph wie Imker. Überall, wohin er in Europa kam, beobachtete er Bienen- und Imkergewohnheiten. So entdeckte er in Brabant und Flandern das wandernde Bienenhaus: Bienen wurden mit einer Art Camping-Wohnwagen oder in der Kiepe auf dem Rücken, wenn es sich nur um ein einziges Volk handelte, oft über weite Entfernungen an reiche Weideplätze transportiert. Ihm schien diese Neuigkeit so sensationell und bemerkenswert, daß er das Gefährt in sein Buch als Holzschnitt-Illustration aufnahm. – Auch heute wandern große Imker mit ihren Völkern den ganzen Sommer

Campingwagen für Bienen

De Apibus, & earum nutrimentis.

BIENENWANDERWAGEN vor einem Bienengarten mit Imker und schwärmenden
Bienen. Holzschnitt aus der ›Historia de gentibus septentrionalibus‹
des schwedischen Erzbischofs Olaus Magnus; erschienen in Rom 1555.

hindurch den verschiedenen Blütentrachten nach. Durch die
mobile Honigfabrik wird der Ertrag wesentlich gesteigert und
verbessert. Noch größeren Nutzen hat allerdings der Obstbauer
davon, dessen Ernte sich dank der fleißigen Bestäubungsflüge
des Bienenvolks vervielfacht.[1]

[1] Karl von Frisch, der Bienenprofessor, schildert den Versuch an einem
Birnbaum, dem man einen Zweig mit Gaze zuband, so daß die Bienen nicht
herankamen. Er trug keine einzige Frucht. Der gleich große, von Bienen
beflogene Nachbarzweig brachte 33 Birnen.

Erst im landwirtschaftlichen Großbetrieb, dessen Ziel immer reichere Ernteerträge waren, sind diese Zusammenhänge deutlich geworden. Alte, schlichtere Zeiten, die vom ausbalancierten Haushalt der Natur und von dessen Angebot lebten, kannten das Problem noch nicht. Als in England im Jahr 1904 die Obsternten rapide abnahmen, fand man die Ursache in einer Bienenseuche. Seitdem werden, vor allem in den USA, Bienenvölker von Obstplantagenbesitzern gegen gutes Honorar ›gemietet‹ und quer durch den Kontinent ›verliehen‹. Doch schon im 18. Jahrhundert, im Zeitalter Réaumurs, des berühmten Thermometermanns, der zugleich der erste wissenschaftliche Bienenforscher war, forderte ein Enzyklopädist: »Der Staat muß ein stehendes Heer von Bienen haben.« Er ahnte wohl schon die segensreiche Liaison zwischen Biene und Blüte. Heute wird der Gesamtnutzen der Biene, allein in der Bundesrepublik Deutschland, auf alljährlich 900 Millionen Mark geschätzt.

Verfrachtet man so ein Bienenvolk zu einer anderen Weide, wird ein Problem gefährlich akut: Wie sich schützen gegen den aufgescheuchten Bienenhaufen, dem die Wohnung über dem Kopf weggenommen wird? Heute macht man das mit Hut, Schleier und Pfeifenrauch, und außerdem ist der moderne Immenkasten unten geschlossen und somit leicht transportabel. Bei den guten alten Strohstülpern und im noch tabaklosen Zeitalter war das Bienenwandern im äußeren Bild eine Art kriegerische Unternehmung. Pieter Bruegel, der flämische Maler des 16. Jahrhunderts, der nach seinen häufigen Motiven der ›Bauern-Bruegel‹ genannt wird, hat solchen Imkergroßkampftag in einer Federzeichnung festgehalten. Wie Turnierritter mit Weidenrutenhelmen auf dem Kopf und einem Korbdeckel als Visier steigen die Männer in langen bienensicheren Kutten auf dem

Pieter Bruegels
Bienenritter

VORBEREITUNG zum Bienenwandern. Federzeichnung (20,3 × 30,9 cm) von Pieter Bruegel d. Ä., um 1565; Kupferstichkabinett, Berlin-Dahlem.

Gartengelände, Gespenstern gleich, herum und traktieren die runden Bienenkorbtrommeln, bemüht, über deren Bodenöffnung Tücher zu spannen und so das Volk für den Transport einzusperren. Dem pessimistischen Bruegel hat diese Verfremdung des Menschen ingrimmiges Vergnügen gemacht: Vermummte

Bienenritter – Unholde wie aus einer anderen Welt, gewissermaßen die Marsmenschen von damals. Für den gleichen Bruegel ist der Bienenkorb aber auch Symbol des Glücks und der Hoffnung. Auf einem anderen Blatt, das er, der mit seiner Kunst gern moralisierte, für eine Kupferstichfolge der ›Tugenden und Laster‹ zeichnete, setzte er der ›Spes‹, der Fee der Hoffnung, die zwischen Sturmflut, Schiffbruch, Feuersbrunst, Gefängnisturm und Hungersnot über den Fluten des Unglücks auf einem Rettungsanker steht, als Krone einen hohen Bienenkorb auf den Kopf. Dazu weist sie rechts und links Spaten und Sichel vor: Bedient euch zu eurem Glück!

Diese Bildersprache verstand der einfache Mann. Für Moralisten und Allegoristen mußte die Biene immer wieder herhalten. Sie galt als Musterexemplar der Natur, den undisziplinierten Menschen ein wahrhaftes Vorbild. ›Bienenfleiß‹ – ein lobendes Prädikat für Schulkinder – freilich früherer Generationen, während soziales Staatsbewußtsein und Gemeinschaftssinn des Bienenvolks den Geschichtsphilosophen und Politikern in ihre Denksysteme, Programme und Deklamationen paßten. Und zu diesem Quidproquo erhoben Fabeldichter wie Äsop oder La Fontaine in Vers und Prosa lächelnd ihren mahnenden Finger, mit dem sie auf das Vorbild Biene zeigten.

Wie und wann immer der Mensch in das Bienenleben eingreift, so gleicht das einem Naturereignis, manchmal – wenn er den Stock einfach nach Honig ausräubert – einer Naturkatastrophe. Jedesmal ist es ein Schicksal, das ›der Bien‹ stoisch und gelassen hinnimmt, wenn auch im Kampf um die Erhaltung der gestörten Ordnung viele einzelne Glieder des Superorganismus ihr Leben lassen. Es scheint vollkommen sinnlos, einen heroischen Kampf gegen das Fatum zu führen. Doch gegen seinesgleichen, wenn

INMITTEN MENSCHLICHEN UNGLÜCKS steht, auf dem symbolischen Rettungsanker, die Fee der Hoffnung, ›Spes‹, bekrönt mit einem Bienenkorb. Federzeichnung von Pieter Bruegel d. Ä., 1559 (22,5 × 29 cm) zu einer Kupferstichfolge der ›Sieben Tugenden‹. Kupferstichkabinett Berlin-Dahlem.

ihm Artgenossen ins Gehege kommen, wehrt er sich mit Erfolg. In Trümmern und Ruinen, von höherer Macht verursacht, oder auch in einer völlig neuen Umgebung richtet er sich sofort wieder ein, und ›vergißt‹ das Gewesene. (So kehrt z. B. in der Regel keine Biene nach dem Schwärmen wieder in die alte Heimat, den alten Stock, zurück. Das Gedächtnis daran scheint wie ausgelöscht.)

Alte Sagen erzählen von Riesen und Giganten, Wichteln und Zwergen, – ein ähnlicher Koloß ist neben der Biene der Mensch. Man hat ausgerechnet, daß er die Biene 150mal an Größe und

GESELLIGES UND EINSAMES LEBEN wird hier auf dem Holzschnitt von Hans
Weiditz in Petrarcas moralisierendem ›Trostbuch‹ gegeneinandergestellt.
Erschienen in Augsburg bei Steyner im Jahr 1532.

750mal an Umfang übertrifft. Das heißt aber – nun wiederum
von der Menschenperspektive her gesehen –, daß vor uns ein
Ungetüm von fast 300 m Größe stünde – eine Naturkatastrophe,
vor der auch für uns jeder Gedanke an Verteidigung schwände.
Es sei denn, wir machten es wie die tüchtigen Liliputaner, die den
schlafenden Menschenberg Gulliver mit Hunderten von Strik-
ken an die Erde fesselten.

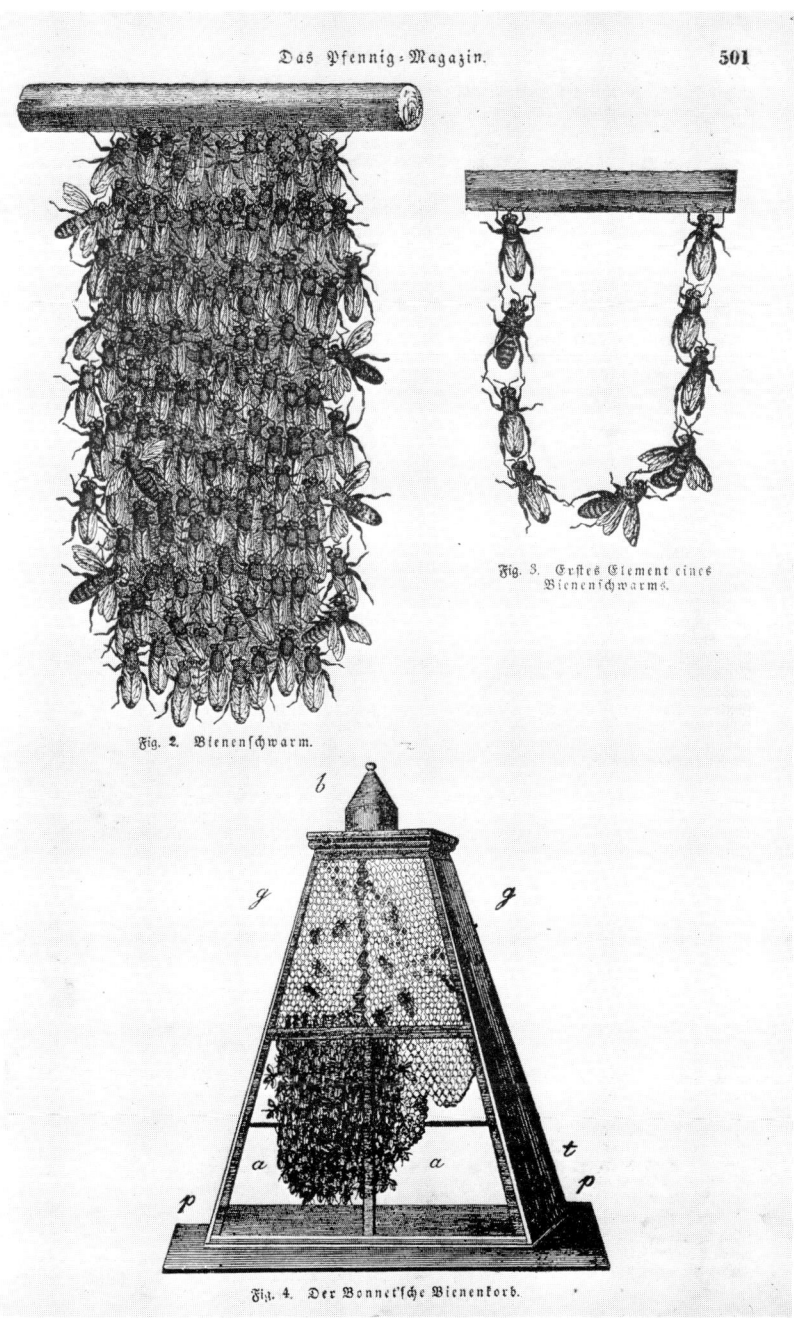

Fig. 3. Erstes Element eines
Bienenschwarms.

Fig. 2. Bienenschwarm.

Fig. 4. Der Bonnet'sche Bienenkorb.

DER BIENENKORB – EINE DOMKUPPEL! Der durchsichtige ›Bonnet'sche Bienenkorb‹
zeigt die Arbeit eines Bienenvolkes an einer Wabe (unten). – Ein Bienenschwarm
hat sich niedergelassen (oben links) – Zur Schwarmtraube oder zum Wabenbau
häkeln sich die Bienen mit Vorder- und Hinterbeinen ineinander und geben das Wachs
mit dem Rüssel weiter. (Holzstich aus ›Das Pfennig-Magazin‹, Mitte 19. Jh.)

Maßstabsvergleiche machen auch deutlicher, was innerhalb eines Bienenkorbs vor sich geht. Stellen Sie sich bitte einmal vor: Sommerreise – Italien – Rom – der Dom von Sankt Peter! Sie stehen unter der ungeheuren Kuppel, oder noch besser, auf dem schmalen Balkongesims in dem Kuppelrundgang hoch oben, fünfzig Meter über den knienden Gläubigen.

Und nun schalten Sie um und suggerieren sich ein, Sie wären Im Immendom statt in Sankt Peter im Innern eines Bienenkorbs! An der Decke hingen, wie Trapezkünstler aneinandergeklammert, Ketten von Menschen und häkelten und strickten mit rasender Geschwindigkeit an freischwebenden Vorhängen, die länger und länger werden und schließlich bis zum Boden herunterreichen. Und in diese Wachsgardinen, die dicht nebeneinanderhängen, sind viele Tausende von Taschen eingewebt, als Paidibetten, als Speiseschränke und Vorratskammern, und darauf hangeln, auf- und abwärtsschubsend und übereinanderkletternd, unzählige Wesen . . . Es sieht nach Chaos und Panik aus, aber jedes folgt stur seiner inneren Order, die wie von einem gemeinsamen Befehlsstand mit unsichtbaren Wellen gegeben wird. Tausende solcher Befehle und Duftsignale funken gleichzeitig durch den Bienendom und setzen den Gesamtorganismus des ›Bien‹, bestehend aus fünfzig- bis hunderttausend Leibern, in Bewegung und sinnvolle Tätigkeit.

Alles findet ohne jedes Licht, in vollkommener Schwärze statt: denn im Bienenstock ist es – ›stockdunkel‹.

Melitta und die Stiergeburt der Bienen

Verliebte Männer sind groß im Erfinden zärtlicher Anreden und Kosenamen, aber natürlich nur ganz privat für den allerintimsten Gebrauch. Keiner käme darauf, vor anderen Ohren öffentlich zu sagen: »Mein Honigtierchen« – ein Geschöpf zum Abschlecken? Und sagte er es doch, freilich auf griechisch, dann klänge es ganz offiziell, gebrauchsfähig und gebrauchsfertig für das Standesamt: ›Melitta‹! Ein Name wie jeder andere. Welcher Vater, der seiner kleinen süßen Tochter diesen wohlklingenden Namen gibt, denkt dabei an Griechenland und Antike, an Bienenstachel und Honigsüße? Oder denkt er bei der Namenswahl tatsächlich daran, hofft er dann, unbewußt, auf den Fleiß des weiblichen Honigtierchens? Schließlich ist er ja ein Mann und gehört damit zu der Gattung der – Drohnen.

Götterspeise Melitta oder, in sanfterem Sprachidiom, ›melissa‹, die kleine geflügelte Nymphe – ehemals eine Königstochter – die von den Blüten Nektar erntete und mit dem ›meli‹ (oder lateinisch ›mel‹ = Honig) auf der Insel Kreta den Knaben Zeus fütterte, den seine Mutter Rhea vor dem seine eigenen Kinder fressenden Titanen Kronos eben noch dorthin gerettet hatte. (Rhea war obendrein schändlicherweise die blutsverwandte Schwester des Kinderfressers.)

Zusammen mit der schwesterlichen Ziegennymphe Amalthea, die dem künftigen Göttervater die Milch lieferte, zog Melitta den ›Kroniden‹ groß. Auch für griechische Vorstellungen muß also die Biene schon vor der ganzen Göttergesellschaft auf der Erde gewesen sein.

)e diuerfis effectibus tonitruum, fulminū, & corufcationu

BUGONIE oder die Geburt der Bienen aus Stieren.
Holzschnitt aus Olaus Magnus' ›Historia‹, Rom 1555

Wie das Gelobte Land den Juden ›Milch und Honig‹ verhieß,
so sahen die Griechen in diesen beiden Produkten Urnahrung
und Götterspeise, die in der olympischen Küche zu Nektar und
Ambrosia ›melioriert‹ wurde.

Ohne besonders kühne Wort-Etymologien zu wagen, wird hier   Sprachliches
deutlich, daß für die Antike das Bessere, auf lateinisch: melior,
melius – das zum ›mel‹ hin, das aber heißt: das ›ins Honighafte‹
gesteigerte Gute – bedeutete. ›Honighaft‹ – ein ›Epitheton or-
nans‹, ein schmückendes Beiwort, das durch den ganzen Homer

geht. Alles, was damals den Menschen umschmeichelte, ihn entzückte und begeisterte, war für ihn ›Honig‹. Das Lied, die Tonfolge, die ihm süß einging, nannte er ›Honig-Lied‹ – ›Mel‹-Odie. Alles Singen, Hören, Schmecken, Schlafen und Empfinden findet seine Erhöhung und Verklärung durch das vorgestellte ›mel‹. ›Honigsüß‹ ist ihm alles, der Schlummer wie die Stimme, der Kuß und der Gesang, die Liebe und der Ton der Flöte, und ebenso Herz und Gesinnung, Seele, Heimat und vor allem die Heimkehr dorthin.

›My Honey‹ sagen heute noch die Angelsachsen, wenn es ihnen besonders zärtlich zumute ist. Ihre Urvorfahren – wenn man annehmen darf, daß diese ›gotisch‹ gesprochen haben – benutzten für Honig noch das Wort ihrer griechischen Vettern. Sie sagten zu dem goldenen Sirup ›milith‹, woraus mit den Jahrhunderten und den germanischen Brau- und Trinkgewohnheiten sich später – auch wortetymologisch – der ›Met‹ abgesondert hat. Die Franzosen dagegen blieben sprachlich der Mittelmeerahnenschaft treu, sie wandelten das alte ›Meli‹ oder ›Mel‹ ganz sanft in ›miel‹ um. Und auch das römische Wort für Biene, ›Apis‹, milderten sie zu ›abeille‹, ähnlich wie ihre spanischen Nachbarn, ebenso Provinzrömer wie sie, die daraus ›abeja‹ machten.

Woher aber kommt nun dieses ›Apis‹? Aus sprachlichen Zusammenhängen läßt sich manches erkennen, zum mindesten kombinieren; darum sei es riskiert, die Wortkriminalistik, auch Etymologie genannt, an dieser Stelle ein Stück, vielleicht ins Abenteuerliche, weiterzutreiben.

Der Apis-Stier Das lateinische ›apis‹ = Biene hat im Französischen, Spanischen wohl Nachfolgeworte, aber wie steht es um seine Herkunft? Sieht man sich in den Nachbarsprachen um, macht der

41

Gleichklang zum ägyptischen ›Apis‹ oder ›Hapi‹ stutzig. Dort ist mit dem gleichen Wortlaut ein Stier, ein heiliger Stier, gemeint, in dem sich der Gott Osiris verkörpert. In dem dem Osiris und dem Apis gemeinsam geweihten ›Serapeum‹ wurden die Gottesstiere beigesetzt. Bei ihrem Sterben durfte kein Blut fließen, darum wurden sie von den Priestern zu Tode geprügelt.

Von der gleichen Prozedur erzählt auch der Mythos, der von der Entstehung der Bienen berichtet.

Es heißt, sie entstammen dem Kadaver eines verendeten Stiers, der von einer Anzahl junger Männer mit Knüppeln erschlagen werden mußte, ohne daß dabei ein Tropfen Blut fließen darf. Aus dem in einem fest verschlossenen Haus verwesenden Stieraas, dem nach rituellem Bienenschöpfungsrezept sämtliche Körperöffnungen zugestopft sein mußten, entwickelte sich nach drei Wochen unter dem plötzlichen Zufluß von Frischluft ein – Bienenschwarm. Die ›Königsbienen‹, sagt die Legende (daß das Herrscherwesen im Bienenvolk eine Dame war, wußte man damals noch nicht!), diese Könige der Bienen kämen aus dem Gehirn und dem Rückenmark der Stiere, die anderen Bienen aus dem übrigen Fleisch.

Auch Ovid erzählt die Geschichte der Stiergeburt der Bienen, der sogenannten ›Bugonie‹, und gibt dem Übergang des Stierkadavers in unzählige chitingepanzerte Bienenkörper eine neue, liebenswürdig-moralische Deutung. Er schreibt: »Die Seele des Stiers geht, weil er so viele Pflanzen gefressen hat, zur Strafe (!) in unzählige Bienenseelen über, welche die Pflanzen liebkosen, ohne sie zu verletzen.«

Noch bis ins 18. Jahrhundert wird die ›Bugonie‹ für möglich gehalten, immer wieder erzählt und im Bild dargestellt. Sie

DIE ENTSTEHUNG DER BIENEN aus Stier- oder Rinderaas wird in der Sage auch mit Aristäus, der vorgriechischen Gottheit, in Verbindung gebracht. (Kupferstich, 17. Jahrhundert.)

a   b   c   d

HERRSCHER ÜBER BIENE UND SCHILF, das bedeutet ›Herr über Ober- und Unterägypten‹, steht seit dem 3. Jahrtausend v. Chr. als Königshieroglyphe in allen ägyptischen Pharaoinschriften. a) in ein Kupferwerkzeug eingeritzt: König Userkef, Begründer der 5. Dynastie b) auf einem Alabastergefäß: König Neuserre (5. Dynastie) c) Goldplättchen, auf einem Grundsteinziegel aufgeklebt, mit dem Königsnamen Smendes (19. Dynastie)

kann kaum woanders als im Urland der Bienenzucht, in Ägypten, entstanden sein, wo seit dem 3. Jahrtausend v. Chr. die ›Biene‹ das Hieroglyphenzeichen für den König war.

Die Bienen aller Art, die Apiden, als Kinder des Apis-Stiers? Der Stier – der Urvater der Bienen, der ›pater apium‹? Ein philologisch verlockender – Kurzschluß.

In einem Papyrus der 20. Dynastie[1] wird die Entstehung der Biene anders erzählt: »Die Tränen des Gottes Ra (des Sonnengottes) fallen auf die Erde und werden zu Bienen, die sich Häu-

---

[1] Das bedeutet: der Papyrus stammt aus dem 12. Jahrhundert v. Chr., also aus einer Zeit dreihundert Jahre, bevor Homer ›Ilias‹ und ›Odyssee‹ dichtete.

f

d) VON EINER TEMPELSÄULE aus Abusir: König Sohure (5. Dynastie)
e) Türsturzfragment vom Grab des Prinzen Hemon, Schatzmeister des
Pharao; 4. Dynastie (Hildesheim, Roemer-Pelizaeus-Museum)
f) Spiegelbildliche Doppeldarstellung von einem Türsturz (117 cm) mit
dem Namen Ramses II. (19. Dynastie). Alle Objekte – außer dem
Türsturzfragment (e) – aus dem Ägyptischen Museum, Berlin-
Charlottenburg.

ser bauten und in die Blüten flogen. Da entstand Wachs und
Honig.«

Die Königshieroglyphe Solche bedeutenden Tiere, deren Bild der Pharao zu seinem Sym-
bolzeichen erhob, mußten auch einen Königsherrscher haben.
Aus ähnlichen Motiven schmückte wohl auch Childerich I. (gest.
482 n. Chr.), der Vater des Frankenkönigs Chlodwig, seinen
Königsmantel, den man ihm mit ins Grab gab, mit dreihundert
plastischen goldenen Bienen – das Stück zu drei Gramm –, und
Napoleon nahm diese Tradition der Frankenkönige wieder auf.
Oder war es eine glorreiche Erinnerung an seinen Feldzug ins
Pharaonenland? Jedenfalls ließ er im Jahr 1804 seinen und

45

Le Commencement et la Fin.

NAPOLEON im bienenbestickten Krönungsornat mit dem Regentenzepter. –
Schabkunstblatt aus dem Jahr 1804. – oben: Napoleon im Harlekinskostüm
mit allen seinen auf die Stoffetzen aufgeschriebenen Titeln und der
Bienenfahne. Zeitgenössische Karikatur aus dem Jahr 1814. Handkolorierter
Kupferstich.

Josephinens Krönungsornat mit Bienen besticken und überall auf Tapeten, Wänden, Möbeln die Biene als sein Herrschaftszeichen anbringen. Schon bevor die Biene vom Franzosenkaiser als Symbol in naturalistischer Form wieder aufgenommen wurde, hatte sie in der Bourbonenlilie, die eine Biene mit aufgestellten Flügeln – in Aufsicht gesehen – darstellen soll, eine floreale Stilisierung durchmachen müssen[1]. Stellte man sich ein Volk, einen Staat vor – und wenn auch nur ›en miniature‹ in den Grenzen eines Bienenhauses –, so konnte nur ein ›Mann‹ darüber herrschen. Daß die aus frühen Weltzeitaltern stammenden Bienen noch dem Matriarchat anhängen könnten, schien ebenso unglaubwürdig wie anachronistisch.

Auch unsere Vorfahren dachten männerbewußt. Für sie war der Chef eines Bienenvolks selbstverständlich ein ›Mann‹. Und zwar ein kluger, mußte er doch Staat und Leben von 60 000 bis 80 000 Untertanen organisieren und dirigieren. Ein kluger Mann, ein weiser Mann. So bekam er den Namen ›Weiser‹. Freilich war er so klein, kleiner als der Daumen, darum machte man ihn auch sprachlich zum Diminutiv: ›Weisel‹: der kleine Weise. Vielleicht ist es aber auch der ›Weisende‹, der dem Volk den Weg weist?

Noch heute heißt die Wiege der Prinzessin, der künftigen Königin, aus alter Gewohnheit ›Weiselnapf‹, obschon man heute weiß, daß darin kein Weiser, kein König, sondern die große Gebärmutter des Volks heranwächst. Tatsächlich wie ein Napf

---

[1] *Das Childerich-Grab wurde 1653 bei Bauarbeiten an der Kathedrale von Tournai entdeckt. Die goldenen Bienen wurden später geraubt. Einige Exemplare sind noch im Louvre, Paris, erhalten. – Auch Frankreichs König Ludwig XII. (um 1500) trug einen mit Bienen bestickten Rock.*

PRO REGE EXACUUNT (Für den König sticheln sie). Französischer Kupferstich
mit Bienen, Bienenkorb und Bourbonenlilien. (Fontainebleau 1630)

hängt diese Wiege am unteren Rand eines der aus Wachs gearbeiteten Wabenvorhänge im Stock. Vorsorglich sind es stets mehrere für einige Thronprätendentinnen. Wieder enthüllt die Sprache: Der Rapport der sechseckigen Wabenzelle kam vergleichsweise ähnlich regelmäßig nur noch am Webstuhl vor. Drum nannte der germanische Imker das von den Bienen ›Gewobene‹ – die Wabe. Und horchte er in den Stock hinein, oder sah er vom Flugbrett besonders dicke Brummer abfliegen, die mit einem tieferen Ton summten, einem Ton, der dröhnte, nannte er diese Spezies nach ihrer akustischen Spur ›Drohnen‹. Als er merkte, wie wenig mit diesen ›Drohnen‹ los war, wurde ihr Name zum Inbegriff unnützen Faulenzertums.

Auch die slawischen Nachbarn holten ihren Bienennamen aus der Lautmalerei. Sie hörten das Summen eher scharf, als leises Zischen, und nannten darum das schwirrende Flügeltier ›Pschela‹. Mehr noch als die sprachliche Fixierung physiologischer Eigen- ›Deborah‹ schaften bedeuteten die der Biene vom Menschen angedichteten moralischen und charakterlichen Qualitäten. Im Symbol der Tiere spiegelt sich der Mensch gern selber. Weil er sich dessen Löwen-Mut, seine Hunde-Treue, Adler-Schnelle oder Bären-Kraft einverleiben möchte, setzt er sie sich als Wappentiere auf Helme und Schilde, oder er beschwört sie mit Wort und Namen. Auch die Biene hat an solcher Wappenemblematik ihren Anteil. Wie Ägyptens Pharao in der Bildhieroglyphe ›Biene‹ für seine königliche Würde ein symbolisches Signum fand, so taufte man im alttestamentlichen Israel, das sich seiner Feinde erwehren mußte und tapfere Frauen brauchte, ein Mädchen auf den Namen der Biene, damit es ebenso mutig und wehrhaft werden möchte: ›Deborah‹. Es ist der Name der Prophetin und Kriegsheldin aus dem ›Buch der Richter‹ (Kap. 4 und 5).

UNA SEN MAS Eine – die Biene – ist sein Maß und Vorbild. Wappen und Wahlspruch des Marquis de Bellefon in Form einer Lyra. In der Mitte eine Biene, die ein Tulpenbeet anfliegt. (Handkolorierter Kupferstich, französisch um 1720.)

Le Marquis de Bellefon

UNA SIN MAS.

Bienenzauber

»Achter unser Hus
dor steiht en Kunkelfuß.
Se pupt dorin, se pißt dorin,
der arm Mann stippt sin Brot dorin.«

Ein alter Auszählvers von plattdeutschen Kindern aus der Heimat Fritz Reuters. Deftig und kräftig und ungeniert wird hier geraten und gedeutet, was in dem Kunkelfuß (ein Kasten aus der Spinnstube, in dem jetzt die Bienen hausen) wohl vorgeht. Hauptsache, daß der arme Mann sein Brot in den Honig stippen kann. Daß es, ähnlich wie im Kuhstall, auch im Bienenstock auf geheimnisvoll animalischem Weg zu diesem feuchten Produkt kommt, vermuten die lieben Kleinen und singen fröhlich, was sie denken. Ganz stimmt es zwar nicht, ein wenig appetitlicher geht es bei der Honigherstellung zu, doch der arme Mann stippt am Ende sein Brot in etwas, das durch Dutzende von Bienenmägen gegangen ist, verschluckt und wieder herausgebrochen wurde, bis es sich in Gemeinschaftsarbeit aus dem flüssigen Blumennektar in den zähen goldgelben Honig umgewandelt hat.

Aus dem plattdeutschen Kinderreim, den ähnlich auch schwedische Kinder singen, ist ganz von Ferne her noch etwas von dem Fruchtbarkeitszauber und der Beschwörungsformel zu hören, womit man eine gute Ernte auch im Bienenstock herbeizwingen wollte. Denn Bienen sind ein geisterhaftes Volk, man kann es nicht zähmen. Auch wenn sie dicht beim Haus wohnen, werden sie keine ›Haustiere‹, sie gehorchen weder auf Zuruf

HANS WEIDITZ hat um 1520 in Augsburg die Holzschnitte
zu Petrarcas ›Trostbuch‹ geschaffen. Mit diesem Blatt wird
das 62. Kapitel eingeleitet, das von der ›feinen Lust an Hühnern,
Hennen, Tauben und Bienen‹ handelt.

noch Gewalt und haben ihren eigenen, dem Menschen unfaß-
baren, geradezu unheimlichen Lebensrhythmus, dem nur noch
mit Hilfe von frommem Gebet oder dunkler Magie beizukom-
men ist. Was sie herstellen, wieviel sie herstellen, entzieht oder
entzog sich dem Einfluß des Menschen, so dringend dieser den
Süßstoff – den einzigen, bevor das Zuckerrohr kam – brauchte,
ob er nun Kuchen backen oder sich mit Met, dem Honigwein, das
Leben fröhlich machen wollte.

Also werden die Bienen hofiert. Ein angelsächsischer Zauberspruch versteigt sich sogar dazu, die eigenwilligen kleinen Damen ›Siegesmädchen‹ zu titulieren – reichlich eine Nummer zu groß! ›Überirdische Siegesjungfrauen‹ nennt man sie, als wären sie Minaturausgaben von Wotans Siegesmädchen, den Walküren. Schmeichelei kann eben nicht dick genug aufgetragen werden, wenn es darum geht, die Bienen, die zu schwärmen beginnen, festzuhalten. Alt-Englands Imker ruft also: »Jetzt auch, ihr Siegesmädchen, senkt euch nieder zur Erde und fliegt nicht allzu wild im Wald. Seid eingedenk, daß ich euch brauche etc. etc.« Und er wirft dazu Sand in die Höhe. Wie der niederfällt, so sollen auch die Bienen wieder zur Erde.

Die ›Siegesmädchen‹ wurden bald umgetauft. Die Christianisierung machte vor ihnen nicht halt. Wie so vieles liebgewordene ›Heidnische‹ wurden auch sie mit Namen und Funktion eingebaut in kirchlichen Apparat und Kalender und erscheinen nun als ›Mägde des Herrn‹, von denen neben Honig und Wachs auch Geld und Brot in allerlei Formeln erbeten wird.

Die getauften Siegesmädchen

Wie ein Alarmruf klingt es, was im 10. Jahrhundert der unbekannte Mönch von Lorsch auf den Rand des lateinischen Folianten mit Predigten des heiligen Augustinus kritzelte:

> »Kirst (Christ), die Immen sind haussen!
> Nun flieg, mein Getier, daher
> Friedlich und fromm in Gottes Hut
> Das ihr heimkommet gut.«

›Mein Getier‹, schreibt er, wie der Bauer sagt ›das Vieh‹, wenn er die ganze Herde meint.

Sicher nicht ›aus Langeweile‹, wie man glaubte, ist dieses Stoßgebet an den Rand geschrieben. Der Imker-Mönch war in großer

Die Gärtnerin und die Biene

ne kleine, Biene, flog
usig hin und her und sog
ssigkeit aus allen Blumen
enehen spricht die Bärtnerin
ie sie bey der Arbeit trift
ranche Blume hat doch Bist

Und du saugst aus allen Blumen?
Ja sagt Sie zur Bärtnerin,
Ja, das Bist laß ich darin.

Der Tugend und Kunstliebenden Jugend, von
der bürger Bibliothec in Zürich geschenkt beim NeuJahr 1757.

DER TUGEND- UND KUNSTLIEBENDEN JUGEND Zürichs wurde
von der Bürgerbibliothek dieses Blatt mit dem Symbol
der geduldigen Gärtnerin und der fleißigen Biene zum Neujahr 1757
geschenkt. (Kupferstich von J. R. Th.)

Not und Sorge, sonst hätte er nicht den kostbaren Band mit
Predigten des Kirchenvaters auf diese Art mißbraucht. Nieder-
geschrieben oder den Bienen zugerufen werden mußten solche

Beschwörungsformeln, nur dann halfen sie: Magie des Worts, Magie des Buchstabens! Der Mönch glaubte daran wie der Steinzeitkünstler an die magische Kraft seines Höhlenbildes. In Burgund verstehen die Bienen natürlich nur Französisch. Fliegt dort ein Schwarm, wiederholen rhythmisch skandierend die Kloster-Imker (in weltlichen Kreisen hieß der Bienenbeauftragte ›Beocorl‹ – Bienenkerl) immer von neuem den einen Spruch:

>>Mouche, que Dieu a créée
Pour l'église illuminer
Je te conjure par la Sainte-Trinité
De t'arrêter.<<

>>Du, Biene, von Gott gemacht,
um die Kirche zu erleuchten (nämlich mit Wachskerzen),
Ich beschwöre dich bei der heiligen Dreifaltigkeit –
Setze dich.<<

Lärm und Geschrei, unterstützt durch Teller- und Beckenschlagen, helfen zu allen Zeiten mit, daß der Schwarm sich irgendwo in der Nähe an einem Zweig oder Strauch wieder zusammenballt. Der Klügere gibt nach.
Und dann klingt es in dem Singsang eines anderen französischen Zaubers wie in einem Kinderauszählvers:

>>Mouche arrête-toi
La cire est à la Sainte Vierge
La miel est à moi.
Descends, belle, belle, belle!<<

Mellis apes auidę sic crebris ictibus æris   *Ad dulcem ceram atq̃ antrum reuocantur odorum.*

JAN VAN DER STRAET, latinisiert Johannes Stradanus (1523–1605), geboren
in Brügge, gestorben in Florenz, schildert in dem handkolorierten
Kupferstich, wie man schwärmende Bienen mit Beckenschlagen wieder
einfängt und sie ›zum süßen Wachs und zur Höhle der Düfte zurückruft‹.

Mit dem dreimaligen Anruf »belle, belle, belle« tut man der
Bienendame wieder schön. Diese immer wieder neuen Zauberformeln, von denen es Hunderte in vielen Sprachen gibt, ver-
raten nur des Menschen ganze Ohnmacht dem Bienenvolk
gegenüber, das seinen eigenen Kopf hat und eigene Wege geht.

MIT DEM HANDOFEN aus Ton räucherten früher die Honigsammler das Bienenvolk aus seiner ›Beute‹. Schon die alten Ägypter benutzten ähnliche Räuchergefäße (18. Jh.)

So sehr man bemüht ist, es für rechte, aber auch für unrechte Zwecke abzurichten.

Hauptsache, sie sollen Honig bringen, dann ist es manchem Raubbienen gleichgültig, aus welchen Quellen sie schöpfen. Sie werden mit Zauberformeln präpariert, in fremde Stöcke einzudringen und

dem Nachbarn den Honig zu entführen. Wie üblich das war –
und daß es recht praktische Zauberformeln dafür gegeben haben
mag –, das zeigt das Strafverfahren der Imker-Bruderschaft
(in Ostpreußen) gegen denjenigen, der ›Her-Bienen‹, d. h. Räu-
ber-Bienen, hielt: Es kostete zehn Gulden Strafe und außerdem
eine Tonne Bier für die ›Brüder‹.

Doch gab es gegen Raub auch Gegenrezepte, mit denen man
sich mit Erfolg zur Wehr setzen konnte. Eines z. B. hieß: »Gib
deinen eigenen Bienen als Nahrung Frauenmilch mit Honig,
daran müssen die fremden Raubbienen zugrunde gehen.« Die
eigenen nicht, denn diese sind auf dunkle Art mit der Frau des
Hauses gleichgeschlechtlich und familiär verbunden.

Gegen den Raub ganzer Bienenstöcke – auch das kam in Niedersachsen vor – halfen geschnitzte Geisterfratzen, die den
anschleichenden Dieb garantiert in Bann und Schrecken schlu-
gen. Das sicherste Schutzmittel gegen allerlei Übel aber war
eine bestimmte Pflanze (örtlich freilich verschieden!), die ganz
geheim gepflückt werden mußte. Band man sie an den Bienenstock, dann waren die Bienen gegen Zauber und bösen Blick
immun und vor den potentiellen Dieben war damit eine Art
Sperrzone errichtet: sie kamen einfach nicht an den Stock
heran.

Die ›reinen‹ Bienen
riechen Sex und Sünde

Vor dem ›bösen Blick‹ schützten woanders auch Tierschädel,
vor denen die Frauen, wenn sie ›unrein‹ waren und damit den
›reinen‹ Bienen schädlich und zuwider, in die Knie sanken. Als
schämten sie sich und bäten die Biene um Verzeihung, denn
deren ›ewige Jungfrauschaft‹, von der der heilige Augustinus
schreibt, demonstriert ihre himmlische Auserwähltheit. »Sie
kennen keine Männer, die Blume ist ihr Bräutigam«, fährt der
Kirchenvater, der selbst ein großer Imker war, in seinem Bie-

nenhymnus fort. In ihrer Unberührtheit von allem Geschlecht-
lichen machte der sündenzerknirschte Mensch sie zu einer Art
kleiner Engel. Der Priester Aelianus, der um 200 n. Chr. in
Praeneste, dem heutigen Palestrina, gelebt hat, erzählt in seinen
Tiergeschichten von der ›reinen‹ Biene, die den befleckten Mann,
der vom Weibe kommt, wütend verfolge und ebenso auch die
Frau, an deren Geruch die Biene erkennt, daß diese mit einem
Mann geschlafen hat.

Ohne von der Parthenogenesis (Jungfrauengeburt) der Biene
etwas zu wissen, brachte die Mystikerin Birgitta von Schweden,
1303 in Uppsala geboren, Biene und Bienenstock mit der göttlichen Jungfrauengeburt Mariens in fromme Parallele[1]. Und
daraufhin erscheint der Mystikerin die Himmelsmutter persön-
lich und redet sie an:

»Meine Tochter, du vergleichst mich mit einem Bienenkorb. *Birgittas Bienenmystik*
Ich war in Wahrheit ein Bienenkorb, als die hochgelobte Biene,
der Sohn Gottes, vom höchsten Himmel sich niederlassend, in
meinem Schoß Einkehr fand. Denn mir war eine süßeste feinste
Wabe durch Einwirkung des Heiligen Geistes auf das vollkom-
menste für die Aufnahme des süßesten Honigseims der Gnade
vorbereitet worden. Die Wabe aber wurde voll, als der Sohn

[1] *Erst seit dem Jahr 1835 ist die Parthenogenesis bekannt. Der katholische
Pfarrer Johann Dzierzon in Lowkowitz in Schlesien entdeckte bei Kreu-
zungsversuchen mit Königinnen, daß die Drohnen nur von der Mutter,
aus unbefruchteten Eiern stammen, während die weiblichen Tiere, die
Arbeitsbienen, aus befruchteten hervorgehen. Die eierlegende Königin kann
das selbst regeln. Vermeintlich. Doch auch hier programmiert die Gemeinschaft den Nachwuchs des Volkes vor, indem sie die biologisch notwendige
Anzahl von größeren Drohnen- und kleineren Arbeiterinnenzellen in
der Wabe aufbaut, die die Königin dann nur noch entsprechend ›bestiften‹
kann.*

BIENENKORB, KIRCHENHAUS UND MARIA selbst sind nach den Offenbarungen
der heiligen Birgitta von Schweden dreifaches Symbol für die Wohnung des Gottessohns.
Mathis Gothart Nithart (Matthias Grünewald) hat die Tafel (1,80 × 1,50 cm)
zwischen 1517 und 1519 für Aschaffenburg gemalt. (Heute in Stuppach bei Mergentheim)

Gottes in mich einging mit seiner Macht, mit seiner Liebe und mit seiner Heiligkeit.«

Der Maler Matthias Grünewald, ein grüblerischer Sucher nach Glaubenswahrheit, der später von Luthers reformatorischem Eifer mitgerissen wurde, kannte die Offenbarungen der heiligen Birgitta von Schweden, die im Jahr 1502 bei Koberger in Nürnberg als Buch erschienen waren. In Grünewalds ›Stuppacher Madonna‹ symbolisieren die Bienenkörbe hinter der sitzenden Madonna die Empfängnis, die aufragende Kirche auf der anderen Seite der Fruchtbarkeit dieser Verbindung: Maria selbst ist das Gefäß, ist der Leib der Kirche, ist das Haus, das dem Gottessohn bereitet ist.

Der Bienenkorb, für den apidologisch noch nicht gebildeten mittelalterlichen Menschen, ein dunkler Ort geheimnisvoller Zeugung, wird zum Glaubenssymbol. Es scheint ganz natürlich, daß sich zum Bild aus der umgebenden Natur verdichtet, was das Nicaenum, das Glaubensbekenntnis von Nicaea, im Jahr 325 formuliert hatte: »Empfangen vom Heiligen Geist, geboren aus Maria, der Jungfrau . . .«

Diese mystische, unfaßbare Fruchtbarkeit eines Bienenstocks, aus dem immer wieder Hunderte und Tausende von Neugeburten herausquellen, wird auch in der Antike zum Gleichnis und Sinnbild der großen Mutter, der Magna Mater, der Gebärerin und Nährerin überströmenden neuen Lebens. Es ist die bekannte ›Diana der Epheser‹ aus der Apostelgeschichte des Neuen Testaments, deretwegen ein Aufruhr ausbrach, als Paulus mit seinen Predigten den Kunsthandwerkern und Devotionalienhändlern von Ephesus das Geschäft zu verderben begann. Denn diese fürchteten – völlig zu Recht – um den Absatz ihrer silbernen Erinnerungsfiguren und -figürchen nach dem Kultbild der

Die Diana von Ephesus und ihre Priesterinnen

DIE ARTEMIS VON EPHESUS ist nicht mehr die griechische keusche Göttin der Jagd, die Herrin der Tiere, sondern wurde zur kleinasiatischen Fruchtbarkeitsgöttin, mit zwanzig Brüsten und geheimnisvollen Symboltieren, darunter auch Bienen, ausgestattet. – Daneben: Eine Biene vom Etui-Gewand einer anderen ephesischen Artemis. (Beide Kopien aus dem 2. Jh. n. Chr.; Museum Selçuk, Kleinasien.)

zwanzigbrüstigen Diana, zu der die Griechen ›Artemis‹ sagten, die aber in ihrer kleinasiatischen Ausgabe die gleiche war wie die orientalische Astarte oder Ischtar, eine (jungfräuliche) Liebesgöttin, »welcher ganz Asien und der Weltkreis Gottesdienst erweist«, wie es in der Apostelgeschichte heißt. In der römischen Kaiserzeit war neben anderen östlichen Religionen – ex oriente lux! – auch dieser asiatische Fruchtbarkeitskult in Mode gekommen. Das Diana-Kultbild im größten Tempel der Antike, dem Artemision von Ephesus (Herostratos wurde dadurch berühmt, daß er es niederbrannte), zeigte an allen vier Seiten des ›à la Egyptienne‹ enganliegenden gestuften Rocks unterhalb des Katarakts der Brüste aber ebenso auf dem Nimbus hinter dem Kopf der jonisch-asiatischen Sex-Göttin Streifen handgroßer Bienen[1].

›Melissai‹ wurden ihre Priesterinnen genannt, die nach dem Vorbild ihrer asiatischen Kolleginnen vom Astarte-Kult, bei dem der Tempelbeischlaf der Priesterinnen zum Ritual gehörte, sich sicher auch in dieser speziellen Hinsicht als fleißige Bienen bewährt haben mögen. Ihr Oberpriester aber war männlichen Geschlechts und hieß ›essén‹, was so viel bedeutet wie ›Bienenkönig‹. Auch Zeus wird ›essénos‹ genannt, weil ihn als Kind auf Kreta Melitta, die Bienen-Nymphe, nährte.

Die Bienen, selbst Träger höchster Fruchtbarkeit (zweitausend und mehr Jungbienen an einem Sommertag aus einem Stock!), werden zum Symbol der Fruchtbarkeitsgöttin, deren Stadt Ephesus die Biene schon im 6. Jahrhundert v. Chr. in ihrem

---

[1] *Zahlreiche Kopien und Variationen des Kultbilds sind erhalten. Ein mit Bienen besonders reich geschmücktes Exemplar im Museo Nazionale in Neapel, zwei weitere im Museum von Selçuk (Kleinasien).*

EINE SILBERMÜNZE der Stadt Ephesus mit der Biene als Prägebild
(3. Jh. v. Chr.)

Münzbild trägt. ›Bienen‹ – das bedeutet soviel wie: schwärmen, den Stock verlassen, eine neue Heimat suchen, bedeutet aber ebenso – Vermehrung. So bot sich für Münzen griechischer Kolonialstädte im südlichen Italien und auf Sizilien die Biene als Symbol an.

Das Honigtier, bewußt oder unbewußt mit Fruchtbarkeitsgedanken verbunden, wird auch als eine Art Sphinx wiedergegeben mit Bienenleib und Frauenbrüsten, dazu aufrecht stehenden Fügeln. Schon seit dem 7. Jahrhundert v. Chr. gibt es diese Verbindung von Biene und Göttin in der Form von Anstecknadeln, vollplastisch in Gold mit Granulationsaugen als Weihegabe an die Göttin oder als Talisman auf Schwangerschaft hoffender Frauen.

In dem abgeschnürten, unterteilten Insektenleib aus Gold wird noch die Herkunft von dem statuarischen Urbild deutlich. Einem Mischwesen aus Weib und Biene, einer Kombination von Mensch und Tier, in der der Orient vom Euphrat bis zum Nil sich die potenzierte Kraft seiner Götter vorstellte.

AMALTHEA UND MELITTA ernähren den Zeusknaben mit Milch und Honig. Aus einem Ornamentstich für Wanddekorationen des französischen Baumeisters und Ornamentzeichners Jean Bérain (um 1700)

Schuld und Sühne

Zwei schwarze Männer Afrikas haben eine Auseinandersetzung. Zunächst in höflichen Bahnen. Aber da ist die Toleranzgrenze erreicht, und es wird dramatisch. Und der eine warnt in kalter Wut – offenbar mit einer stehenden Redensart.

Was sagt er?

»Du rührst an meine Bienenröhre!« Auf europäisch heißt das: »Mein Herr, Sie treten mir zu nahe. Keinen Schritt, kein Wort weiter! Meine ›essentials‹ sind bedroht.«

Die Bienenröhre aus Ton, in Schwarzafrika von den Ägyptern übernommen, ein ›essential‹ also, eine Existenzgrundlage des schwarzen Mannes in den bäuerlich-bienenfreundlichen Bezirken des noch nicht durch Entwicklungshilfe und Europäisierung irritierten Afrikas.

Die Biene – eine Instanz, nicht nur im lukullischen Bereich archaischer Gastronomie, sondern darüber hinaus auch im ethischen Bezirk – in der Rechtspflege.

Gottesurteil in Afrika Vielleicht ist es für den weniger rational als mehr emotional ›denkenden‹ Menschen früher Stufen die ›göttliche Vernunft‹ des Bienenlebens und Bienenstaats, die Unberührbarkeit der Biene, ihre aller ›Korruption‹ und Domestikation widerstehende Unzugänglichkeit, deretwegen sie zum Schiedsrichter aufgerufen wird, wenn unvernünftige Menschen sich streiten und mehr oder weniger gravierende Fauxpas begehen.

Afrikaner benahmen sich bei derartiger Rechtsprechung besonders gläubig und besonders rigoros.

»Ob du unschuldig bist oder nicht, wird sich zeigen«, lautet der salomonische Spruch, der bestimmt, daß der Beschuldigte die

Hand in einen summenden Bienenstock zu stecken hat. Ist er unschuldig, dann wird er die Hand wieder herausziehen – ungestochen.

Ein vergleichsweise noch harmloses Gottesurteil dieser – ehemals – ›Wilden‹, wenn man an die glühenden Eisen denkt, die im christlichen Abendland lästige Gattinnen anfassen mußten, um zu ›beweisen‹, daß sie den vorgeworfenen Ehebruch nicht begangen hatten.

Schlechter ist schon der Regenmacher dran, dem es nicht gelungen war, für das ausgetrocknete Land Wolke und Wasser herbeizuzitieren. Ihm wird der Kopf abrasiert und mit Honig bestrichen. Bis zum Hals in die Erde eingegraben oder nackt an einen Pfahl gebunden, wartet er auf den Anflug des Bienengeschwaders. Ob die Prozedur so endet, wie sie geplant war, bleibt freilich ungewiß, denn Bienen sind im Grund friedliche Tiere und stechen nur, wenn sie gereizt oder erschreckt werden. Die eingeborene Strafjustiz mußte sich schon etwas einfallen lassen, um die Bienen in Rage und zu dem beabsichtigten Strafvollzug zu bringen.

Im übrigen gab es – und nicht nur in Afrika – bestimmte ›Bienen-Tarife‹, ob es sich nun um die Sühne einer Körperverletzung oder den Kauf einer Braut handelte. So wurde ein gebrochener Arm oder verlorener Finger mit einem Bienenstock berechnet, eine abgeschlagene Hand war nur mit acht Stöcken wiedergutzumachen. Das hübsche Weibsstück einer Braut war noch mehr wert. Dafür waren zehn Bienstöcke und dazu noch zehn Töpfe voll Honig vom Bräutigam als Ablösung an den Schwiegervater zu zahlen.

Schuld und Schulden, Strafe und Sühne – mit Hilfe von Bienen und Honig läßt sich vieles wieder bereinigen. Wer dem Nachbarn Honig raubte, das heißt: aus dessen Stock heimlich Waben brach, mußte dafür zur Wiedergutmachung fünf Bienenkörbe abliefern. Mundraub dagegen war auch bei den Farbigen so gut wie straffrei.

Begegnete ein Hungernder im Wald einem Honigsammler, einem Baumimker, also einem afrikanischen ›Zeidler‹, und dieser gab ihm auf seine Bitte hin nichts, dann durfte der Abgewiesene dessen Honigsack aus Leder, der mit Waben gefüllt war, ›mit der Lanze anstechen‹ und zum Auslaufen bringen . . . »Die Hungernden speisen« — nicht nur ein christliches, auch ein Urwaldgebot, dem dort allerdings die gerechte Rache und Strafe auf dem Fuß folgen durfte, wenn der Mann im Wohlstand das Sittengesetz nicht befolgte.

Mundraub ist straffrei

Mit den Bienen hatte es rechtlich immer seine besondere Bewandtnis. Wem gehören eigentlich die Herumschwirrenden? Dem, auf dessen Grund sie sich niedergelassen haben, oder dem, dessen Wiesen, Blumen, Blüten und Wälder dem nektarsaugenden Rüsselvolk die ergiebigste Bienenweide boten? Wem gehört der Honig, das Wachs? Wem das Volk, das schwärmend am Zweig hängt?

Das alles waren lebenswichtige Fragen, die vor allem im nördlichen Europa durch genaue Gesetze geregelt wurden. Seit dem Jahr 1000 etwa geben Herrscher in Jütland, Schweden, England und Niedersachsen, aber auch in Polen und Livland und anderswo immer wieder neue Bienenverordnungen heraus. In den westlichen, germanisch-keltischen Bienenländern, wo schon Hausimkerei betrieben wurde, sahen diese anders aus als in

Das Recht am ›Bien‹ im Wald

WINTERFÜTTERUNG DER BIENEN. »Den Unglücklichen helfen mit dem Teller«
oder »ich lerne den Unglücklichen zu helfen« lautet die lateinische
Inschrift des Kartuschenkupferstichs aus dem 17. Jahrhundert.

den weiten Räumen Osteuropas mit ihren riesigen Wäldern,
wo Waldbienenzucht getrieben wurde. Das heißt, man holte
die Bienenvölker nicht zum Hof und hielt sie nicht als ›Vieh‹,
man ließ sie vielmehr draußen im Wald in ihren – in des Wor-
tes wahrster Bedeutung – ›angestammten‹ Sitzen, in morschen
Baumstämmen, und holte ihnen ihre Produkte von dort weg.

Und zwar im Auftrag des Herrn, dem der Wald mit allem lebendigen Tierinhalt gehörte.

Mancher riskierte bei dergleichen Klassenunterschieden auch eine Unternehmung auf freier Wildbahn – und ging ans Räubern.

Sein Rezept dabei: erst einmal Bienen aufstöbern, ein paar Exemplare einfangen und sie nach und nach als ›Spurbienen‹ loslassen, bis er, sie verfolgend, auf den hohlen Stamm stieß, wo das Volk saß und wo er nun den Honig abbauen konnte. War der Räuber der Sammlerstufe schon entwachsen und trieb schon selbst Bienenzucht, dann räucherte er die Bienen aus und fing sie mit einem ›geschminkten‹, d. h. innen mit Honig bestrichenen ›Fangkorb‹[1] wieder ein, um das Volk dort neu ›anzusiedeln‹, wo er selbst Herr war – bei seinem eigenen Hof.

Das Recht am ›Bien‹ im Wald und dessen Produkten, ein Königsrecht, eine ›Regalie‹, wurde von oben her huldvoll vergeben. Herzog Odilo von Bayern beschäftigte in Vilshofen bereits im Jahr 798 Berufsimker. Kein Fürst, Graf oder Ritter machte sich damit selbst die Hände schmutzig. Man hatte dafür seinen leibeigenen ›Beocorl‹, den die Mönche in ihrem feinen Latein ›mellitarius‹ nannten. Daneben entwickelte sich mit den Jahrhunderten ein Stamm von Fachleuten, eine Berufsgruppe von Bienenkennern und Bienenpflegern, die den Wald nach Honig und Wachs ›ausbeuteten‹ (›Beute‹ = Bienenstock im Baum) – die ›Zeidler‹, eine hochangesehene Zunft, die im Rang weit über den gewöhnlichen Bauern stand, schon verwandt dem herrschaftlichen Jäger. Darum durften sie auch Armbrust und

Der ›Beocorl‹

---

[1] *captarium – Kepffter – Chaptoire – chaftere – Käfterle –: in allen Sprachen und Dialekten gibt es seit dem 6.–8. Jahrhundert den Begriff des Bienenfangkorbs.*

ORAKELBRETT DES YORUBA-PRIESTERS mit der Maske des göttlichen Schelms
Eshu und anderen Geistergestalten ist mit einem Kranz von Bienen
geschmückt, die mit ihrer ordnenden Gegenwart dem Orakelspruch
assistieren. Der Ratschluß der Götter wird sichtbar in den Spuren, die
rollende Palmnüsse auf dem mit Mehl bestreuten Brett hinterlassen.
⌀ 44 cm. (Privatbesitz Zürich.)

NÜRNBERGER IMKERWAPPEN mit Zeidlerfigur, um 1760.

Pfeil mit sich und im Wappen führen. Bienenjagd und Bienen-
beute galt fast soviel wie herrschaftliches Waidwerk. Allein,
was im Wald kreucht und fleucht, war von Wert und Würde,
Holz dagegen völlig uninteressant, davon gab es (in diesen
Zeiten ohne Bauboom) noch übergenug.

In den Telefonbüchern von München, Berlin oder Leipzig findet
man den Namen ›Zeidler‹ oder ›Zeitler‹ hundertfach – alles
Nachkommen dieses ehrenwerten Standes, der mehr im wald-
reichen Osten zu Hause war.

Karl IV. (1316–74), in Böhmen geboren, der seine Kaiserstadt
an der Moldau zum ›goldenen Prag‹ machte, hatte ebenso wie
schon sein großer Namensvetter und Vorgänger, Karl der Große,
ein hohes Interesse an der Bienenkultur und gewährte den Im-

Des ›Heiligen Römischen
Reiches Bienengarten‹

kern in den Wäldern um Nürnberg – in ›des Heiligen Römischen Reiches Bienengarten‹, wie es in seiner Verordnung heißt – eigene Rechte, bestätigte das Zeidlergericht von Feucht, das nicht nur in Bienensachen, sondern auch bei allen sonstigen Delikten (außer Totschlag) Recht sprechen durfte und dies in aller Unabhängigkeit noch bis zum Jahre 1778 auch getan hat.[1] Die Waldbienenzucht im Fränkischen während des Mittelalters wird von Forschern einem slavischen Bevölkerungsrest oder auch -neuzustrom zugeschrieben. Die vielen Namen mit ›windisch‹ oder ›Wind‹ (= wendisch, Wenden) bestätigen diese Ansicht. So sind Ortsnamen in Mittelfranken: Ottowind, Geiselwind, Poppenwind, Michelwind, Windsheim, Windsbach, Bernhardswinden usw. Mitten zwischen all diesen Namen kommt dann auch ganz schlicht ein Ort ›Bienengarten‹ vor.

Das Wort ›Zeidler‹ selbst, latinisiert ›cidlarius‹, stammt wohl aus dem Slawischen. ›Zidaln‹, ein Tätigkeitswort, bedeutet: ›Honigwaben ausschneiden‹. Für den ›Bienengarten des Reiches‹ zahlten die Zeidler an den Kaiser einen Zins, das ›Honiggeld‹, das zeitweise stellvertretend vom Burggrafen von Nürnberg, einem Hohenzollern, eingetrieben wurde.

Wer nicht zahlte oder zahlen konnte, dessen Zeidelweide wurde verpfändet. Eine ›Zeidelweide‹, ein altes Maß wie ›Morgen‹ oder ›Tagwerk‹, umfaßte 60 Bienenbäume. Ohne Zaun und Abgrenzung schloß sich im Wald ›Weide‹ an ›Weide‹, so daß der Zeidler alle Hände voll zu tun hatte, damit ihm kein Volk zum Nachbarn hinüber auskam. Um einen Schwarm zurückzuholen, durfte er nur so weit auf fremden Grund hinterherlaufen, als er seine »Zeidelaxt rücklings unter dem linken Arm

---

[1] *Otto der Große vergab 950 im Paderbornschen die ersten Zeidelrechte.*

werfen konnte« – ein Zeidlergesetz, mit dem der Stärkere wieder einmal besser fuhr. – Mit der ›Zeidelaxt‹, ebenso wie Armbrust und Pfeile Handwerksgerät und Attribut der Berufswürde, hieb der Waldimker nicht nur die Honigwaben aus dem Stamm, er schlug auch neue ›Beuten‹ in geeignete Stämme, bisweilen sogar in mehreren Etagen übereinander, und bot sie den schwärmenden Bienen aus Nachbars Zeidelweide listig an.

Wie machte er das?

Er ›schminkte‹ seine Stämme mit ›Bienensalbe‹, ein scheinheiliger Name für ›Honig‹, den die ›Spurbienen‹ entdecken und damit dann den ganzen, noch heimatlosen jungen Schwarm nachziehen sollten. Selbstredend waren solche Manipulationen strafbar, in der ›lustigen Zeidlerzeit‹ aber, d. h. wenn die Bienen zu schwärmen begannen und im Bäumchen-wechsle-dich-Spiel neue Unterkünfte suchten, unter den Kollegen gang und gäbe. Man durfte sich nur nicht erwischen lassen. Außerdem war Vorsicht geboten, denn es war riskant, zu viele neue Beuten in die Stämme zu schlagen, da auf jeden Fall Zins dafür abzuführen war, auch wenn diese dann leer blieben. Jede geschlagene Beute kostete eo ipso mindestens zwei Heller.

Mit Schminke fängt man Bienen

Damit niemand Unbefugtes, ob Mensch oder Tier, an die Bienenwohnung käme, hieb der Zeidler sie erst in etwa 5 m Höhe in den Stamm, die oberen Stockwerke noch höher. Ähnlich, wie früher Telefonarbeiter an ihren hölzernen Telegraphenmasten, kletterten die Zeidler angeseilt mit Steigeisen an ihren Beute-Stämmen auf und nieder. Pygmäen in Afrika suchen sich auf freier Wildbahn ebenso artistisch ihre Honigspeise. An Lianen klettern sie nachts auf 20 m hohe Bäume und nehmen dort die Waben aus den Bienennestern.

Bienenbäume stehen in unseren Breiten unter einem besonderen

Bienenbäume

WACHSMOTTEN, deren Maden die Waben zerstören und damit das Bienenvolk vertreiben, werden nachts ans offene Lampenlicht gelockt, damit sie verbrennen. Kupferstich von Johannes Stradanus.

Tabu. Am Feldrain muß der Bauer um sie herumpflügen, bricht er den Stamm, auch wenn dieser morsch ist, dennoch um, kostet das Geld. Es gibt ganze Verbots- und Strafkataloge über das, was man darf und nicht darf. Das Zeidlergericht im Fränkischen, der Starost in Polen, der eine Art Zunftmeister der Zeidler war, oder die verschiedenen Königsgesetze in Schweden geben genaue Anweisungen.

Gerade für Schweden oder besser für dessen König war das Bienenrecht lebenswichtig, denn die Steuern aus den Bienenkulturen war für den Schwedenherrscher im frühen Mittelalter eine sichere laufende Einnahme.

Es ist bezeichnend, daß alle schwedischen Bienengesetze nach mittleren und südlichen Provinzen Schwedens benannt sind (West-Göta-Gesetz 1250, Ost-Göta-Gesetz 1290, Södermans-Gesetz 1325 usw.).

Der Grund dafür ist ein – klimatischer. Denn mit dem 61. Breitengrad, etwa in der Höhe von Uppsala, hört alle Bienenkultur auf. Es ist den Bienen einfach zu kalt. Wird es draußen nicht wärmer als acht oder zehn Grad, kann keine Biene mehr fliegen. Sie bleibt steif und unbeweglich. Darum fliehen die Bienen bei Abendkühle sehr rasch in ihren Stock, dessen Temperatur sie durch extreme, wärmeerzeugende Kontraktion der eigenen Brustmuskeln auf genau 35° C zu halten vermögen. Im Winter geht mit dem stockenden Betrieb und Leben in der Bienenwohnung die Temperatur auf ca. 25° C zurück. Wird es hingegen zu warm, und die Gefahr besteht, daß das Wachs weich wird und der ganze Wabenkunstbau zu schmelzen droht, dann tragen die Bienen Wasser heran und ziehen eine Wasserhaut über die Wabengitter. Durch Flügelfächeln schaffen sie Verdunstungskühle. Die Biene ist in der Lage, durch Steigerung des Stoffwechsels in der Brustmuskulatur ihre eigene Temperatur bis zu 10° anzuheben. Doch gegen den herben Sommer nördlich von Stockholm, den die Schweden selbst schmerzlich-ironisch ›grünen Winter‹ nennen, ist alle bienenfleißige Temperierung vergeblich. –

Nach solchem apidologischen Klima-Exkurs zurück zu Recht und Unrecht in der Zeidlerei.

In manchen Gegenden schränkte man das Recht der Zeidler auf bestimmte Baumarten ein. So gehörte in den Görlitzer Zeidelweiden nur die Spezies ›Kiefer‹ zur Pacht.

Legte sich ein Schwarm an einen Nachbarbaum, der eine Buche,

Wie warm ist's im Bienenstock?

ZEIDLER besteigen ihre Beute-Stämme. In der Lausitz seilen sie
sich zu den oft mehrgeschossig übereinander in den Stamm
geschlagenen Bienenwohnungen ›nach Art der Thurmdecker‹
auf und wieder ab. (Holzschnittillustration
zu einem Bienenaufsatz, Lüneburg 1770.)

Linde oder Eiche war (es gab damals fast nur Mischwald), wurde
dieser Eigentum der Herrschaft. Dem Zeidler blieb nichts anderes übrig, als ihn für acht Groschen, eine ganze Menge Geld
für damals, freizulösen.

Hausbienenzucht und Waldimkerei wurden, wo sie nebeneinander auftraten, recht unterschiedlich behandelt. Bienennutzung

am gewachsenen Baum im Wald – also Zeidlerei – kostete Abgaben, dagegen durften Bienen aus festen Stöcken von Bauernhöfen im Wald unbesteuert frei sammeln und schwärmen.

Honig für den Herrn

Im echten Wildgehege mancher Herren war Bienenjagd rundweg verboten. Fand einer im Wald einen Schwarm, durfte er ihn wohl mitnehmen, die Honigwaben aber waren dem Herrn des Waldes abzuliefern – für das Bienenvolk eine halbe Katastrophe, für den Finder nur noch ein halbes Glück. Anderswo war man noch weniger entgegenkommend. Dort gehörte der Bienenfund, der sofort zu melden war, automatisch dem Landes- bzw. Waldesherrn. Die Bienenvölker im Wald wurden von der Herrschaft als ›Zinsherde‹ angesehen, aus der man soviel wie möglich Honig oder Geld zog. Starb ein Waldimker, so fiel sein Revier mit allen Leistungen wieder dem Herrn zu, der das Recht neu vergab – und so fort.

Welche Bäume – in der mittelalterlichen Imkersprache: – ›gelocht‹, d. h. in welche Bienenwohnungen eingehauen werden durften, gab in der Regel die Zeidlerzunft bekannt. Für jeden dieser Bäume mußte eine Abgabe gezahlt werden, dagegen gehörten alle nicht markierten Bäume weiterhin dem Grundherrn. Der Zeidler durfte diese nicht anrühren. Auch dann nicht, wenn sich die eigenen Bienen dort niedergelassen hatten.

Nicht nur wegen solcher Ärgernisse, auch noch anderer Unbequemlichkeiten wegen, die die Waldimkerei mit sich brachte, fand man schließlich ein radikales Mittel: man siedelte das Bienenvolk – samt Baumhaus – einfach um. Aus dem bewohnten Baumstamm wurden die Stöcke – die Klötze – herausgesägt und als ›Klotzbeuten‹ beim Bauernhof einzeln oder bald in Reihen, in ›Immenzäunen‹ aufgestellt. Die Biene, der ›wilde

SECHS KLOTZBEUTEN mit Imker, dessen Beckenschlagen die schwärmenden Bienen erschrecken und zum Sichniederlassen zwingen soll. Holzschnitt zu einer französischen Publikation über Süßstoffe und dergl. Lyon (?) um 1560.

Wurm‹, wird zum Haustier. Und der Bauer legt sich neben Getreide, Milch, Fleisch, Eiern und Kohl die Honigerzeugung als neuen Produktionszweig zu.

In den bevölkerungsmäßig gemischten Gebieten Preußens hat übrigens der Alte Fritz, nachdem er sich in seinen drei Schlesischen Kriegen ausgesiegt hatte und sich um Land und Leute zu kümmern begann, zu der Umstellung von der Wald- auf die Hausimkerei und zugleich zur Verbreitung des geflochtenen Bienenkorbs an Stelle der schweren unhandlichen Klotzbeute einiges getan. Darum wird ihm, dem Großen Friedrich und

dem anderen ›Großen‹, dem Kaiser Karl, als politischem Urvater
der Imkerei, in geschichts- und traditionsbewußten Imkerkrei-
sen auch heute noch Verehrung entgegengebracht.

Kurz nach Beendigung des Siebenjährigen Kriegs, im Jahr 1769, ›Ex Oriente mel‹
zählt die Zeidlerschaft von Muskau in der Niederlausitz 170
Mitglieder, die zusammen 7000 Baumbeuten haben, jeder Imker also rund 40 Bienenvölker. Und Herrmann von Pückler-
Muskau, der später berühmte Park- und Landschaftsgärtner,
dem die Welt auch das ›Fürst-Pückler-Eis‹ verdankt, ist als Kind
mit dem Honig der väterlichen Zinsimker großgezogen worden.
Wie heute Erdgas aus Rußland, Öl aus dem Nahen Osten, kam
der goldene Süßstoff für Europa, der Honig, jahrhundertelang
in großen Mengen aus den riesigen Wäldern des Ostens vom
Schwarzen und Kaspischen Meer bis zu den Karpatenhängen
mit seinen endlosen Lindenwaldungen: – ex Oriente mel.

Schon Olaus Magnus, der schwedische Erzbischof, der nach Rom
emigrierte, und Freiherr Sigismund von Herberstein, der 1525
mit einer Expedition nach dem Osten aufbrach – der ›Kolumbus
Rußlands‹ – schrieben über den Osten interessante Bücher.
Beide berichten von den ›Bartniks‹, den Büttnern und ihrer
Waldbienenzucht und von den ungeheuren Ausmaßen der Ern-
ten, die per Wagen oder Schiff nach dem Westen verladen wurden.

Nach London werden zwischen 1509 und 1547 auf Hanseschif- Lebzelterei
fen mehr als 120 000 Zentner Wachs gebracht, und auf Donau,
Inn und Salzach kommen Honig und Wachs nach Wasserburg,
Burghausen und zu anderen Endpunkten der Transportwege,
wo Lebzelterei heute noch getrieben wird und Wachsmodel
ausgegossen werden. Wachs war als Handelsprodukt fast von
größerer Bedeutung als der Süßstoff Honig.

DER ALTE FRITZ, ein Schutzpatron der preußischen Imker. Aquarellentwurf
von Theodor Hosemann (1807-75) für ein Imkerdiplom mit den Porträts
Friedrich Wilhelms IV. und Friedrichs des Großen, umrahmt von Zuckerrohr, Bienen,
Blüten, Honigkuchen, Bienenstock, Zwergen und naschendem Bär. (Ausschnitt.)

Es ist kein Zufall, daß an der Grenze zum Slawischen hin die Zone hoher Süßigkeitskultur entlangläuft: Honigkuchen und Pfefferkuchen aus Breslau, Danzig oder Pulsnitz in Sachsen, Stollen aus Dresden und ›Bäckereien‹ aller Art und jeder Menge aus Böhmen und natürlich – und vor allem – aus Wien! Ohne den Honig des Ostens wären diese Gaumenoasen nie entstanden[1].

Was es mit dem Honigreichtum der Wälder in Wahrheit auf sich hat, ahnten damals freilich weder Konsumenten noch Produzenten. Vielmehr priesen sie gemeinsam, wie die Kinder Israel in der Wüste ihr ›Manna‹, den ›Honigtau‹ auf den Zweigen und Nadeln und Stämmen – diesen seltsamen klebrigen Ersatz, den der Wald anstelle des Blütennektars liefert – als Segen des Himmels, den Gottes Güte auf die Wälder herabregnen lasse. Erst die alles desillusionierende moderne Wissenschaft entlarvte den süßen dunkelbraunen Segen, der unter dem würzigen Namen ›Tannenhonig‹ angepriesen wird, als die Ausscheidungen, als Exkremente von Rinden- und Blattläusen, aufgeschleckt und zu Honig verarbeitet von den fleißigen Bienen ...

›Honigtau‹

---

[1] *Etwas anderes mag es mit den Nürnberger Lebkuchen sein. Sie hängen mit der eigenen Honiggewinnung in des ›Heiligen Römischen Reiches Bienengarten‹ in den fränkischen Wäldern zusammen.*

TATAREN-IMKER AUS KASAN.
Handkolorierter Kupferstich von J. Laroque
nach J. G. Saint Saveur. (Paris, frühes 18. Jh.)

J.G.S. Sauveur inv. direx. J.Laroque Sculp.

Homme tattare de kazan.

»NUN HEULE NUR NICHT des Stiches wegen, du fügst mit deinen Liebespfeilen den Menschen genauso
Stiche zu.« So etwa läßt der griechische Dichter Theokrit aus Syrakus (305–260 v. Chr.) in einer
seiner ›Idyllen‹ Venus zu dem von Bienen gepiesackten Amor sagen. Albrecht Dürer hat im Jahr 1514
in seinem Aquarell die Szene illustriert (Wien, Kunsthistorisches Museum.)

Honigmond und Kerzenhymne

Amor, der kleine Liebesgott der alten Griechen und Römer, spannt seinen Bogen, zielt, zieht ab, und schon sitzt der Pfeil im Fleisch. Doch der Liebesbringer soll nicht zu wehe tun, darum hat ihn das Bürschchen in Honig eingetaucht. Das aber heißt in der Symbolsprache der Poeten augenzwinkernd: Schmerzlich und süß zugleich ist das Liebesvergnügen.

Honig für die Liebe Der kleine Amor und die kleine Biene haben mit Pfeil und Stachel wie auch mit den Wonnen und Wehen, die sie verursachen, manches gemeinsam. Der Liebespfeil trifft schmerzlich, der Honig ist dazu die Medizin, die den von Amor getroffenen Liebesleuten wieder auf die Beine hilft. Um dieser rekreierenden Wirkung willen verordnete eine indogermanische Sitte, die vom Indus bis Europa praktiziert wurde, dem jungen Paar gegen den großen Kräfteverschleiß in den ersten Liebeswochen des Flit-

AMOR UNTERM BIENENSTOCK tut sich
mit seinen Pfeilen selbst weh.
Kupferstich aus Dorat-Marillier,
Fables nouvelles; den Haag 1773.

terns – dem ›Honig-Mond‹ – eben darum, den kräftigenden Honig reichlich zu genießen. Anderswo galt der gelbe Sirup geradezu als Aphrodisiakum. Im alten Rom bekamen Neugeborene Honig noch vor der Muttermilch eingeflößt, und auch schwarze Afrikababys wurden mit einer Mischung aus Muttermilch und Honig groß und stark gemacht. Die Zauberer der Massai besprengten überhaupt alles, was gut wachsen sollte, mit Milch und Honigbier.

Honigbier – Honigwein, da ist er, der allbekannte Met –! Ebenso ein althochdeutsches wie indisches Wort: ›metu‹, ›mahdu‹[1], das älteste Berauschungsmittel der Menschheit, das die germanischen Helden in Walhall tagtäglich von holden Mädchen kredenzt bekamen –; Nektar und Ambrosia der Griechen, wodurch die Götter auf dem Olymp ewig jung blieben, muß wohl etwas Ähnliches gewesen sein.

Sogar die Mohammedaner wagten sich daran. Denn Met war ja kein Wein, den der Prophet ausdrücklich verboten hatte. Honig in flüssiger Konsistenz – dagegen würde Allah nichts haben können! Aber auch weisere Männer hatten für den Met etwas übrig. Schon der griechische Philosoph Aristoteles (geboren 384 v. Chr.) kennt ein Rezept, und bei Plinius d. Ä. (23–79 n. Chr. – er kam beim Ausbruch des Vesuvs in Pompeji um) kommt ein anderes vor. Erzbischof Olaus Magnus schreibt von Met nach »polnischer, litauischer und russischer Art«. Mit dem letzteren meint er eine Art ›Kwass‹, einen Honig-Kwass, wie er ähnlich jetzt noch, allerdings nun als alkoholfreies Industrieprodukt, auf allen Straßen russischer Städte verkauft wird.

Allah erlaubt Met

---

[1] *Indische Gottheiten werden mit ›madhava‹ bezeichnet, das heißt: ›dem Met Entsprossene‹.*

AM IMMENZAUN – die Bienen schwärmen – Metgelage am Bienenstand.
Drei Holzschnitte des 16. Jahrhunderts aus deutschen und französischen
Ausgaben von Olaus Magnus ›Historia de gentibus septentrionalibus‹;
lateinische Erstausgabe Rom 1555.

Die Rauschwirkung des Getränks wurde durch Beimischung
irgendwelcher Wurzeln noch verstärkt. Vor allem aus Abessi-
nien weiß man das, wo man das narkotische Gebräu ›Tetsch‹
nannte. Der Ausschank dieses Safts lag monopolartig in den
Händen der Prostituierten, die sich, auch hier hilfreich, als
Bar-Damen betätigten.

Neigt sich die Lebenskurve allmählich, und ist der Weg zu den
Barmädchen kein rechter Ausweg mehr, auch dann hilft der Bal-
sam Honig weiter. Der Griechenphilosoph Zeno verordnet ihn
als Geriatrikum und meint, daß man damit achtzig oder neun-
zig Jahre alt werde. Und kühn fügt er hinzu: »Schon der Duft
genügt den Greisen.« Gleich ihm glaubten auch alle Pythagoras-
Schüler an diese Wunderwaffe gegen das Alter.

Gelée Royale In der Gesundheitsfabrik ›Bienenstock‹ wird aber noch weit
Unglaublicheres produziert. Jener Futtersaft nämlich, aus dem

89

die Bienenkönigin ihre gigantische Fruchtbarkeit entwickelt und der sie obendrein vier bis fünf Jahre alt werden läßt, während die als Larven mit Normalkost genährten Arbeitsbienen nur vier bis sechs Wochen leben. Es ist das ›Gelée Royale‹, die königliche Speise, ein mit geheimnisvollen Wirkstoffen versetzter antibiotischer Saft, von dem sich auch ältere Herrschaften eine Wiederbelebung ihrer schwindenden Vitalität und noch ein paar Jahre Frist erhoffen.

Apotheken verkaufen den Stoff. In Sanatorien wird damit experimentiert – »gewiß zum guten Nutzen – vor allem für Hersteller und Verkäufer«, wie Karl von Frisch, der berühmte Bienenprofessor, dazu ironisch meint.

Was durch unzählige Bienenkörper hindurchgeht und bei der häufigen Prozedur des ›Ein‹ und ›Aus‹ zu einem Lebenselexier angereichert wird, läßt sich trotz aller Analysen chemisch nicht herstellen, denn jeder Honig hat je nach Volk und ›Tracht‹ eine andere Zusammensetzung, keiner schmeckt und ist dem anderen gleich. Auch die therapeutische Wirkung der Honige wurde schon im Altertum verschieden eingeschätzt. Honig vom Hymettos, dem Gebirge Attikas, galt ebenso wie der Honig aus dem sizilischen Hybla durch Geschmack und Heilkraft als Spitzenprodukt. Dann gab es auch Honige für bestimmte Krankheiten. So sollte der Honig aus Trapezunt zum Beispiel gegen Epilepsie gut sein. Aber gerade dort, am Schwarzen Meer, machte das Griechenheer auf seiner ›Anabasis‹, beim Überschreiten des Pontischen Gebirges, eine sehr entgegengesetzte Entdeckung, nämlich, daß Honig auch giftig sein kann. Xenophon, Unterfeldherr der Truppe und zugleich Feldzugsberichterstatter zum eigenen Ruhm (430–354 v. Chr.), beschreibt, daß die Hopliten wie betrunken gewesen seien und nach Genuß des

AUF DEMOKRIT, den griechischen Philosophen aus Abdera (5. Jh. v. Chr.), berufen sich spätere Schriftsteller immer wieder. Jacobus Tabernaemontanus (1510–90) zitiert ihn in dem Honig-Kapitel seines berühmten Kräuterbuchs.

D Emocritus der berühmbte Philosophus
als er gefraget war/wie sich der Mensch halten/vnnd
was er thun solle/daß er ein langes gesundes Leben
haben könte/hat er geantwortet: Wenn er sich eusser-
lich mit gutem kräfftigem Oel schmierete/innerlich aber Honig
brauchte. Vnd zwar muß jederman sagen vnd bekennen/daß
Gott der Allmächtige den Honig dem Menschlichen Geschlecht/
als ein sonderliches Geschenck/durch die kleine Bienlein zukom-
men lasse/nicht allein seines Leibs halben/sondern vielmehr seine
Gesundheit/welche allem andern gut vorzuziehen ist/darmit
vnd dardurch auffzuhalten/vnd widerumb zu erlangen/wie er
dann auch nicht allein in die Küchen/sondern mehrer Theils in
die Apothecken gerathen ist/von wegen seines vilfaltigen Ge-
brauchs/dazu er zu nützen ist/also daß kaum ein einiges Confect,
Conserua, Lattwerge oder dergleichen/ohn den Honig wirdt zu-
gerichtet.

Pontischen Honigs zeitweise den Verstand verloren hätten. Modern ausgedrückt: sie waren ›high‹. Aber keiner von ihnen starb, und das normale Bewußtsein kehrte langsam wieder.

Was war das für Honig? Da Bienen ›blütenstet‹ sind, d. h. beim Sammeln nicht ›wechseln‹, könnte es Eibenhonig gewesen sein, der ebenso wie Honig von der Alpenrose oder vom Schierling eine narkotische Wirkung besitzt. Eibenbäume, mit deren Zweigen man mancherorts auch Verhexungen erfolgreich bekämpfte, gab es am Südufer des Schwarzen Meeres in großen Wäldern. In Afrika gilt übrigens Euphorbienhonig als besonders giftig.

Honig macht ›high‹

Der High-Zustand dauerte bei den griechischen Soldaten nicht lange an und klang bald wieder ab. Die schnelle Wirkung des Honigs auf den menschlichen Organismus ist kein Wunder, denn die Bienen verdauen den Honig in ihrem Leib vor; ohne eigene Darmarbeit des Menschen geht er direkt in dessen Blutkreislauf ein und richtet dort im Nu seine Wohltaten – oder wie bei den Griechen – auch seine Verheerungen an. Der Blutkreislauf wurde zwar erst im 16. Jahrhundert (von Servet, den die Calvinisten in Genf wegen religiösen Irrglaubens verbrannten) entdeckt, doch schon die antiken Ärzte ahnten etwas von den Zusammenhängen. Honig reinige eiternde Wunden und verhüte sogar Brandblasen, notiert ein griechischer ›Iatros‹ und Demokrit von Abdera, der große vorsokratische Philosoph (5. Jahrhundert v. Chr.), gibt – neunzigjährig – als medizinische Faustregel: »Außen Öl und innen Honig – das hält den Körper geschmeidig und gesund!«

Im gleichen Sinn schreibt Dioskurides (1. Jahrhundert n. Chr.) in seinen fünf Büchern der Arzneimittel, die bis ins 17. Jahrhundert hinein das große Lehrbuch der Pharmakologie geblieben sind: »Der Honig hat eine säubernde, eröffnende, die Feuch-

DIOSKURIDES, griechischer Arzt aus dem 1. Jahrhundert v. Chr., dessen Lehrbuch zur Pharmakologie und Pharmazie bis ins 17. Jahrhundert als Standardwerk der Ärzte galt, hat auch über den Honig als Heilmittel geschrieben. Holzschnitt zu einer von Pietro Andrea Mattioli (1501–77) kommentierten Ausgabe.

MELE.

lenoſo, quale ſcriue Dioſcoride naſcere in Heraclia di Ponto, fece parimente memoria Plinio al XIII. capo del ſudet-
to libro. Oue ſoggiunſene ritrouarſe un'altro pure in Ponto nel paeſe de i Sanni, il quale fa impazzire. Il che ſi repu-
ta interuenire per paſcerſi le api di fiori di oleandro, di cui ſon piene quiui le ſelue. Ritrouanſi oltre a ciò altre ſpetie
di Mele, lequali non ſono di rugiada, ma nati, & creati dalle piante: come è quello che ſi caua da gli Anacardi, di cui
ſcriuono gli Arabi, & come è anchora quello che ſi caua (come ſcriue Strabone nel XV. libro della ſua Geographia) da
certe ſilique di albero lunghe dieci dita. Il quale ammazza chi ſe lo mangia. Cauaſi anchora il mele delle ſilique, che
volgarmente ſi chiamano Carobe, & Carobole: con il quale gli Indiani, & parimente gli Arabi, che ſon contermini à
i Trogloditi, condiſcono il gengeuo, & i mirobalani di tutte le ſpetie. Il che ſi vede manifeſtamente in quelli, che
ogni anno ſi ci portano di Aleſſandria di Egitto a Vinegia. Scriue appo ciò Pomponio Mella, che tanto è l'India graſſa,
& fruttifera, che il mele ui diſtilla dalle frondi de gli alberi, ma non però eſplica egli, ſe ſia di rugiada, ò pur liquor pro-
prio di quelle piante. Oltre di queſto, non è poca diſputatione infra i moderni medici, ſe'l Saccharo, che ſotto ſpetie di

Altre ſpetie
di mele.

Saccharo, &
ſua eſſam.

tigkeit hervorlockende Kraft, deshalb eignet er sich zum Ein-
gießen (!) in schmutzige Geschwüre und Fisteln.«

Das wußten anderthalb Jahrtausende früher bereits die alten
Ägypter, denn der berühmte Papyrus Ebers[1], nach seinem Ent-
decker benannt, rät für Wundbehandlung:»Ein Stück Leinwand
in Weihrauch und Honig tauchen und vier Tage lang auf die
Wunde legen.«

Das Feld der Honigmedizin ist weit, und jedes Volk und jede
Kultur haben sich auf eigene Weise daran beteiligt. Ein eng-
lischer Codex aus dem 9. Jahrhundert empfiehlt eine Augensalbe
aus Honig, Wein und Rautensaft, und schon der alte Plinius
gibt ein todsicheres Rezept gegen Haarausfall:»Nimm tote Bienen, verbrenne sie zu Asche, bereite daraus eine Salbe mit Öl
und reibe damit den Kopf ein...« Honig wird als Laxativ
verordnet und gegen Bandwürmer empfohlen. Gegen Liebes-
krankheit hilft garantiert:»Käse und Honig mit zerkleinerter
Hirschlunge einnehmen.« In den Doktorbüchern des Mittelalters, den ›Gärten der Gesundheit‹ (Hortus Sanitatis), sind
solche und ähnliche Honigrezepte aufgeschrieben.

Ganz wie die alten Ägypter legte man auch im Mittelalter Ho-
nigpflaster auf Wunden, und die moderne Kosmetik empfiehlt
u. a. auch wieder die Honigmaske als Schönheitsmittel.

Großmama und Großpapa schwärmen vom Honig als ›Hafer
fürs Herz‹, der das Uhrwerk innen drin gleichmäßig weiter-
laufen lasse.

Ums Herz – allerdings mehr mit erotischem als therapeutischem

Hilft gegen Haarausfall

---

[1] *Der große Ägyptologe Georg Ebers (1837 Berlin – 1898 München) war
nicht nur ein bedeutender Wissenschaftler, sondern mit seinen Romanen
›Eine ägyptische Königstochter‹, ›Sarapis‹, ›Kleopatra‹ u. a. zugleich einer
der beliebtesten Modeschriftsteller seiner Zeit.*

KREITHONIOS HAT DEN KRANZ GEWEIHT lautet die Inschrift im Goldkranz von Armento (Süditalien), ca. 40 cm hoch. Bienen galten in der Antike als Seelenvögel. Sie sind Begleiterinnen der Persephone, der Göttin der Unterwelt. (München, Staatliche Antikensammlung)

›touch‹ – geht es auch, wenn König Salomo singt: »Deine Lippen, Geliebte, sind wie triefender Honigseim« oder die schwarzhaarige Scheherazade in ›Tausendundeine Nacht‹ ihrem lauschenden Hörer den Kuß der Geliebten im Flüsterton schildert: »Ihr Speichel war in seinem Mund wie Honig . . .«

Ob es um Leben geht, um Liebe, Gesundheit, Krankheit, Arbeit oder um Sterben und Tod – die Biene hat in allen diesen Auftritten ihren Platz und ihre Rolle. Oft geheimnisvoll dämonenhaft oder, im christlichen Kulturkreis, als poetisch-moralisches Symbol. Im Orient gilt sie als ›Totenvogel‹, wird aber zugleich als Fruchtbarkeitssymbol mit ins Grab gegeben.

Die Totenkrone von Armento

In der Münchner Antikensammlung befindet sich ein Eichen- und Efeukranz, ein reicher, vierzig Zentimeter hoher Kopfputz aus goldenen Blättern, überragt von einer Flügelgöttin und einem Halbrund von Genien. Es ist eine Totenkrone aus Süditalien mit der Inschrift: ›Kreithonios hat den Kranz geweiht.‹ Kreithonios, wohl der Name des Verstorbenen, wurde mit dem goldenen Blätterkranz, dessen Blüten Bienen umflattern, bestattet. Was bedeutet das: Bienen um das Haupt eines toten Griechen aus dem vierten vorchristlichen Jahrhundert?

Es sind nicht die ›Totenvögel‹ der Ägypter, im Gegenteil. Ihnen fällt eine ganz andere Aufgabe zu: den Toten zurückzurufen! Ein Unsterblichkeitssymbol, so tiefsinnig wie legitim, denn auch der vielgliedrige Leib eines Bienenvolks erneuert sich stets aus sich selbst, die einzelnen Glieder sterben ab und werden – tagtäglich zu Tausenden – wiedergeboren: Das sich immer wieder regenerierende, unvergängliche Leben!

GOLDENE BIENEN in dem Totenkranz von Armento; 4. Jahrhundert v. Chr. (siehe auch Abbildung auf vorhergehender Seite)

Ob die alte friesische Sitte, den Bienen an ihren Stöcken den Tod eines Hausgenossen zu ›melden‹, einen ähnlichen beschwörenden Appell darstellt? Oder wird hier schon nüchterner und zweckmäßiger gedacht und nur das Wachs für die Kerzen zur Totenaufbahrung ›bestellt‹?

Ein derartiger Rapport am Bienenhaus mag ein Atavismus sein, bei dem es nicht so sehr um die christliche Totenkerze sondern mehr um Wachs und Honig ging, womit in früheren Zeiten einmal die Leichname einbalsamiert wurden. So berichtet der griechische Schriftsteller-Historiker Herodot (5. Jahrhundert v. Chr.), Perser und Skythen hätten ihre Leichen mit Wachs überzogen[1].

In Agamemnons Herrschersitz Mykene wurden die Toten in Wachs und Honig mumifiziert, und auch in Ägypten tauchte man die Verstorbenen in Tröge voll Honig und bewahrte sie darin auf.

Daß Honigtöpfe, Honigwaben, Metkrüge in allen Honigländern der Erde den Toten als Viaticum – als Wegzehrung ins Totenreich – mitgegeben wurden, dokumentiert, welch mystische Kraft man den Bienenprodukten zuschrieb. Der seltsamste Fall scheint der jener Germanenfrau, die in ihr Grab in Egtved bei Hadersleben (um 300 v. Chr.) einen ganzen Eimer mit braunem Met hingestellt bekam, woraus erhellt, daß nicht nur die Germanenmänner gern eins gegen oder auch über den Durst tranken. Wie in Mykene oder Ägypten haben auch die Eingeborenen Mittelafrikas die konservierende Kraft des anderen großartigen

Mit Wachs einbalsamiert

---

[1] *Auch zur Diagnostizierung des Todes wurden die Bienen verwendet. Denn sie stechen nicht in Leichenfleisch. Bei einem Scheintoten jedoch genieren sie sich nicht, und prompt reagiert auch dessen Haut. – Die Biene als Lebensretterin!*

DER HEILIGE AMBROSIUS, in Trier geboren, Erzbischof von Mailand, 397 gestorben, ist auf der dekorativen Ofenkachel aus einem süddeutschen Kloster (18. Jh.) als Schutzpatron der Imker mit dem Bienenkorb dargestellt.

DER HONIGSCHLECKER vom Bernhards-Altar der Basilika in Birnau (Boden-
see) von J. A. Feichtmayer, um 1750. Der Putto symbolisiert die Predigt
des heiligen Bernhard, die ›süß wie Honig‹ floß.

Bienenprodukts erkannt. Sie bargen die Särge ihrer Toten in
Kronen und Ästen von Kultbäumen und bohrten dazu die Bret-
ter des Schreins an, damit die Bienen wie durch Fluglöcher ihrer
Stöcke in den Sarg eindrängen und den Leichnam mit Honig
und Wachs überzögen.
Wachs wurde von den Afrikanern sonst nur zum Kitten oder,
höchst befremdlich, in Verbindung mit Ziegen- und Hammel-

fett beim Braten von Fleisch verwendet. Kerzen kannten sie noch nicht. Erst die Europäer, vor allem die Missionare mit ihren Gottesdiensten, führten den Kerzengebrauch in Afrika ein. Zugleich organisierten sie mit den anfallenden ungeheuren Wachsmengen einen schwunghaften Export nach den Ländern Südamerikas, wo man in den katholischen Kirchen auch Kerzen brennen wollte.

Erleuchtet die Kirchen Um dieses Wachses willen erhielt die Biene in der hierarchischen Ordnung des christlichen Kultus einen bescheidenen Platz als Kirchendienerin, als Lichtbringerin. Schon der erste Schritt zur Kerze, die Wachsgewinnung, galt eine Art ›Gottesdienst‹, bei dem die Imker kniend, anbetend ihre Arbeit verrichten. So wenigstens begegnet man ihnen in frühen liturgischen Handschriften. Diese, in der Form von handgeschriebenen und handgemalten langen Rollen, die vom Priester beim Lesen immer weiter über den Pultrand geschoben wurden, zeigten ihre Darstellungen auf dem Kopf stehend, also umgekehrt wie die Schrift, damit die Gemeinde die Bilder ablesen konnte: Eine Art ›Filmrolle‹ mit Fortsetzungsbildern. Vor allem die Bienen, die dem Gotteshaus das Licht geben, werden in den verschiedenen Szenen, für die Gemeinde deutlich genug, oft groß wie Würste dargestellt, denen das Flugloch viel zu klein ist.

Das Thema der Lesung, im Nachtgottesdienst vor Ostern verkündet, ist ein Lob der Biene. In Text und Bild werden Imker- und Bienenszenen mit heiligen Geschichten in bunter Folge und Vermengung wiedergegeben. So stehen in einem Weihnachtsbild mit der Geburt Christi neben dem Stall Bienenstöcke und ein Engel betätigt sich fürsorglich als Imker.

Ο ΘΕΟΦΙΛΑΚ

Ο ΓΕΡΜΑΝΟC

Ο ΦΩΚΑC

Ο ΑΘΕΝΕ
ΑΡΧ
ΕΝ
ΗCΚ
ΟΠΟ
CΚΕΡ
ΚΥΡΑC

Obwohl die Rollen[1] mit den Bildern oft mehr als sechs Meter lang sind, reicht der Stoff nicht für die ganze Osternacht, so bleiben dem Diakon und seiner Phantasie dann weitere fromme Betrachtungen und Gleichnisse zum Imker- und Bienenleben überlassen.

Als Erfinder des kirchlichen Hymnus auf die Biene gilt der heilige Ambrosius, Bischof von Mailand (gestorben 397), der als Schutzheiliger der Imker auf vielen Darstellungen mit dem Bienenkorb als Attribut erscheint. Seine fromme Laudatio auf die Biene erklang zum erstenmal im Jahr 380 in Mailand bei der Karsamstags-Kerzenhymne, einer Art christianisiertem Nachklang der Georgica des Vergil, der dem Bienenvolk besonders zugetan war. Seit den Tagen des heiligen Ambrosius gilt für alle Bienensegen die Formel: das Wachs den Heiligen – der Honig den Menschen! Dieses Wachs aber erfährt eine wunderbare Verwandlung: es wird zur Flamme, es löst sich auf – in Licht. Die Materie verzehrt sich selbst und wird, so sublimiert, zum Symbol der inneren Reinigung und Erleuchtung. Der Kerzenstand in jeder Kirche spricht von diesem Läuterungsgedanken.

Bienengift heilt Rheuma Die fingernagelgroße Biene ist mit ihrer Fähigkeit, aus sich heraus zwei so verschiedene Substanzen wie Honig und Wachs zu produzieren, ein Naturphänomen.

Die dritte Substanz aus dem Bienenleib, das Gift, wurde schon in Babylon und Ägypten als Heilmittel benutzt. Sie hat

[1] *Von diesen sogenannten ›Exultet-Rollen‹ aus dem 10. und 11. Jahrhundert (»Exultet jam angelica turba Caelorum ...«) sind etliche in Süditalien (Monte Cassino, Gaeta, Bari) erhalten.*

SCHWÄRMENDE BIENEN werden eingefangen. Daneben in Medaillons die Köpfe von Heiligen. Das Bild steht wie bei allen sog. Exultet-Rollen, die in der Osternacht das Bienenlob verkünden, für die vor dem Lesepult des Diakons sich drängende Gemeinde ›auf dem Kopf‹. (Exultet-Rotulus aus der Bibliothek der Kathedrale in Bari: 11. Jh.)

in der Bienengiftsalbe gegen alle Rheumabeschwerden, dem
›Forapin‹, eine gloriose Ausbildung und Anwendung erfahren.
Den eingeflogenen Nektar verwandeln die Arbeitsbienen
im Stock durch Herauswürgen und Zurückziehen, ein Pro-
zeß, bei dem das Wasser nach und nach verdunstet, im eigenen
Körper zu zähflüssigem Honig. Das Wachs dagegen schwitzen
sie aus. Es ist der Bautrieb, der vor allem im Frühjahr ihren
ganzen Körper erfaßt. Aus den letzten vier Ringen des Hinter-
leibs schieben sie feine Wachsplättchen heraus, die sie dann mit
ihren drei Beinpaaren geschickt zum Oberkiefer bugsieren, wo
das Wachs zum Wabenbau geknetet wird[1].

Und dann bauen sie zu Tausenden in einer einzigen Nacht
eine ganze Wabe mit Hunderten von sechseckigen Zellenröh-
ren, die, Rücken an Rücken und jede genau auf Lücke, mit einer
Akkuratesse wie auf dem Reißbrett konstruiert und hergestellt
sind. Aufs äußerste rationell in der Ausnutzung des Materials
und Raums, dazu von einer baumeisterlichen Logik, die sich
die alten Römer nur aus einem eingeborenen ›mathematischen
Verstand‹ der Biene zu erklären wußten.

Mathematik und Statik
im Bienenstock

Aber nicht nur in der Präzision, auch in der statischen Be-
rechnung übertrifft die Biene dabei alles menschliche Bauwerk.
Schon eine einzige, mit Honig gefüllte und verstöpselte Zelle
trägt das Fünfzigfache ihres eigenen Gewichts. An den oberen
Zellen, an denen der ganze Wabenvorhang aus Wachs (samt

---

[1] *Das andere Baumaterial, das die Bienen erzeugen, ist kein körpereigenes
Produkt. Dieses, ›Propolis‹ genannte Kittharz ist eine Mischung aus
Baum- und Knospenharzen und wird verwendet zum Winterfestmachen
der Wohnung. Die Kittharzbienen sind innerhalb des Volks eine besondere
Baukaste, die von den Flugbienen das Baumaterial übernimmt. – Auch
Geigenbauer machen es den Bienen nach: Sie verwenden Propolis für ihren
Instrumentenbau.*

Orpheus Euridicen stigia vt reuocarat ab vnda,
Examenq; apium tandem reparare docemur,

reuocarat Euridicen coniugẽ
suam:ab vnda stigia, idest in-
fernali,quod fecit threicia fre-
tus cythara , & nos docemur

carpathon Prothei vatis,
t diuinatoris ac futura va-
nantis, & mores,idest insti-
a eius & species:in quas sci
t se transmutauerat, & pandit, vt idest qualiter Orpheus
reuocarat

tãden, reparare,idest instaurare examen,idest fœtum apium sci
licet extinctarum.

P. VIRGI. MARONIS GEORGI-
CON LIBER QVARTVS.

Rotinus aerij mellis cœlestia dona
Exequar , hanc etiam Mecœnas aspice
partem,
Admiranda tibi leuium spectacula rerũ
Magnanimosq; duces,totiusq; ex ordi-
ne gentis
Mores, & studia, & populos, & præslia dicam.
In tenui labor:at tenuis non gloria:siquem
Numina læua sinunt,auditq; vocatus Apollo.

SERVIVS.
Rotinus aerij mellis cœ-
lestia dona Exequar.)
Rhetorice dicturus de
noribus rebus magna ,pmit
vt et leuẽ materiã subleuet,
ne perite,quoniam scit bre-
esse opus hoc de apibus , &
a paucos versus posse cõsu
vius est translationibus ad-
tandam materiam, dicens
s habere reges, ,ptoria, vr-
, & populos.Sane sciendũ,
upra diximus, vltima par-
uius libri esse mutatam, nã
des Galli habuit locus ille,
nude Orphei continet fabulam , quæ inserta est postq; irato
res.Admiranda tibi leuium spectacula rerum. Audies ex le-

PROBVS.
¶Protinus aeri mellis cœle- Arista
sta dona Exequar.) Quidã di-
cunt mel in aere nasci. Quidã
apes colligere, quo tempore i
Ida Iupiter nutriebatur tum
primum ex aere fluxisse, eoq;
ipsum alitum.
MANCINELLVS.
¶Protinus aerii mellis &c.)
Aristeus de quo latius in.j.lib.
Geor.habetur, primus & apiũ,
& mellis vsum, & lactis,coa-
gula hoĩbus tradidit, vt Iusti.
lib.iij.scrib.Diodo.quoq; in fi-
ne libri quinti cum Iustino cõ
uenit, dicit enim quod Nym-

phis à matre tradita est nutriendus ,à quibus cum lac coagula
re mel atq; oleum conficere didicisset,primus ea in vsum homĩ
num traduxit,vnde ã posteris, vt deus cultus est. Quando vero
& in qua regione primum natæ sint apes, videto Columel.libr.
x.capi.ij.Est autem apis res præcipui quæstus.quum fauet, vt te
statur Plin.libro.xxj.Protinus aeri mellis,de protenus, & pro Proti
tinus videto latius in Tityro. Protinus i statim continuo , vel

¶Protinus,Exinde . Flo-
agrum exequar, sicut sum cæteros executus.¶Aerii mellis.)
m mel ex rore colligitur, qui vtiq; ex aere desluit , vnde est-
cœlestia dona.)i.munus deorum. Ante enim mel inueniebat
in foliis:vt, Mellaq; decussit foliis.¶Hanc etiam.) Sicut supe

Gespräch über Bienenzucht.

Russe: Oh, nix in Deutschland, kleiner Bien; kommen Sie nach Russland, Bien so groſs, wie Katz! __
Deutscher: _ Aber wie groſs sind denn die Bienenkörbe?
Russe: Oh, grad wie hier. _
Deutscher: _ Wie können sie da aber hinein?
Russe: Ha _ der Bien **muſs**! __

RUSSISCHES IMKER-LATEIN. Lithographie von Wilhelm Camphausen aus ›Düsseldorfer Monatshefte‹ vom Jahr 1850.

Honigfüllung) angeknüpft ist, hängt mehr als das Tausendfache des Gewichts!

Mit solchem enormen Material versuchte auch der Mensch der Frühkultur seine eigenen Dinge festzumachen, so kittete er z. B. seine Lanzenspitzen mit Wachs in den Speerschaft ein. Der mutige Ikarus hatte mit diesem prähistorischen Klebematerial allerdings weniger Glück. Sein guter Vater, der kunst-

Ikarus und Dädalus

reiche Dädalus, wußte offenbar noch nicht, daß Wachs bei 62° C schmilzt. Eine Temperatur, in die Ikarus geriet, als er auf der gemeinsamen Flucht der beiden per Schwinge von Kreta nach Sizilien der Sonne zu nahe kam. Das Wachs zwischen den Federn schmolz dahin, die zusammengeklebten Flügel brachen auseinander, und der junge Mann ertrank im Ionischen Meer. Glücklicher und erfolgreicher wandte Dädalus bei anderen Unternehmungen das Wachs an. Wenn man der Sage glauben darf, goß er die ersten lebensgroßen Statuen, wohl nach dem Vorbild der Ägypter, im Wachsausschmelzverfahren mit ›verlorener Form‹ (à cire perdue). Er wurde zum Urschöpfer der griechischen Großplastik (die ja ebenso häufig in Bronze gegossen wie in Marmor gehauen war). Wachs wurde auch bald unmittelbar für Plastik verwendet, als Modelliermasse. Lysistratos, Bruder des berühmten Lysipp, des Hofbildhauers Alexanders des Großen, fertigte Wachsmasken an, und noch heute bedient sich die italienische Kunst ebenso wie die üppige Kunstblumenindustrie dieses Landes des (neuerdings oft eingefärbten) alabasterweißen, mattschimmernden Stoffs, der freilich hoch empfindlich und leicht verformbar ist, so daß z. B. von antiken Kinderspielzeugen aus Wachs, die in Gräbern gefunden wurden, nur noch spärliche Reste erhalten sind.

Leonardo da Vincis ›Flora‹-Büste Auch Leonardo da Vincis berühmte ›Flora‹-Büste in den West-Berliner Museen, um die der Streit geht, ob eigenhändig oder nicht, kam lädiert in die Werkstatt des englischen Bildhauers und Wachsbossierers R. C. Lucas, der die zarten Wachswangen der Schönen allzu sorgfältig aufpolierte.

Die Antike hat mit Wachsfarben und Wachsgrund in verschiedener Technik gemalt. Und nicht nur gemalt, sondern auch geschrieben. Ohne die bekannten kleinen Wachstäfelchen, auf die das Kind seine Schularbeiten, der Dichter seine Verse, der Mathematiker seine Formeln und der Kaufmann seine Rechnung schrieben, wäre die antike Kultur uns kaum so überliefert worden, wie wir sie heute kennen. Da es Schiefertafeln oder irgendwelche Art von Notizbüchern noch nicht gab, trug der gebildete Römer ein mit Wachs überzogenes Metalltäfelchen in einer separaten Hülle bei sich, mit einem Eisenspachtel dazu, den er zum Schreiben auf Wachs, zum Löschen der Schrift und zum Glätten der Schicht benutzte.

Noch Abt Aldhelm von Malmesbury dichtete im Jahr 700 n. Chr. dieses kleine Täfelchen in Holzrahmen und Lederhülle, auf dem und aus dem menschliche Gedanken und menschliche Kultur sich entwickelt haben, in einem Vierzeiler sentimental an:

Notizbuch aus Wachs

> »Eigentlich stamme ich ab von den honigspendenden Bienen.
> Aber mein äußerer Rand wuchs in den Wäldern ringsum.
> Und meinen Schutzüberzug lieferten härteste Felle.
> Nun zerschneidet der Stift eisern mein hübsches Gesicht . . .«

Die Bienen – die freundlichen Dämonen der Menschen, ihre Ernährer, Erleuchter, Helfer und Beschützer, wenn es not tat.

Vor den Krallen der Sirenen bewahrte ihr Wachs in dem Ohr der Gefährten den ›edlen Dulder Odysseus‹, der, an den Mast gebunden, als einziger ihren Gesang vernahm und hinüber wollte zum Strand der mörderischen Verführerinnen. Gegen die Sirenen, die lockenden Unheilsdämonen, Symbole des Todes und der Vernichtung, schirmt in Homers Gedicht die Biene mit ihrem Wachs die Männergesellschaft.

Eine Art Gleichnis für die Menschengesellschaft im ganzen, die auf dem Schiff, von Gefahren umlauert, dahintreibt.

LEONARDO DA VINCIS ›FLORA‹-BÜSTE (Staatl. Museen Berlin-Dahlem) ist ein fast lebensgroßer Hohlguß in Wachs, das in der italienischen Renaissancekunst häufig als plastisches Material verwendet wurde.

Literatur

Aus den Bänden des *›Archivs für Bienenkunde‹* (ab 1919 herausgegeben von L. Armbruster) und der *›Bücherei für Bienenkunde‹* (herausgegeben von L. Armbruster) wurden auch aus anderen, hier nicht zitierten Aufsätzen Anregungen und Hinweise verwendet.

Armbruster, L.: Die Biene im Orient, AfB 1931
– Über germanische, besonders nordische Imkerei, Berlin 1940
– Der Bienenstand als völkerkundliches Denkmal, BfB 1926
– Bienenzucht vor 5000 Jahren, AfB 1922
– Zur Bienenkunde frühchristlicher Zeiten, AfB 1936
– Alte Graphik und Imkerei, AfB 1939
– Beutner und Baumkletterer, AfB 1936
– Bienenkunde und Imkerei im Mittelalter, AfB 1938
Büdel, A., und Herold, E.: Biene und Bienenzucht. München 1960. Mit Beiträgen von H. Bischoff, Fr. Ruttner, J. Evenius, R. Darchen, K. A. Forster, H. Malcolm Fraser u. a.
Berner, U.: Die alte Bienenzucht Ostdeutschlands usw., Marburg 1951
Doering, H.: Königreich im Bienenkorb. Oldenburg 1962
Ehlers-Kollwitz, O.: Glück mit Bienen. Stuttgart 1926
Fraser, H. Malcolm: Beekeeping in Antiquity. London 1951[2]
Frisch, Karl von: Aus dem Leben der Bienen. Berlin-Göttingen 1955[3]
Glock, J. Ph.: Die Symbolik der Bienen und ihrer Produkte. Heidelberg 1897[2]
Gmelin, A.: Die Bienen von der Urwelt bis zur Neuzeit. Stuttgart 1899

Hehn, V.: Kulturpflanze und Haustiere. Berlin 1902

Koch, K.: Die Großmeister und Schöpfer unserer Bienenzucht usw., Berlin 1931

Lexikon der Ägyptologie, Bd. I, Lief. V, S. 786 ff., 1973, Artikel ›Biene‹ von J. Leclant.

Maeterlinck, M.: Das Leben der Bienen. Hamburg 1953

Méhely, L.: Naturgeschichte der Urbiene. Budapest 1935

Picard, E.: Les phénomènes sociaux chez les animaux. Paris 1933

Reinhardt, L.: Kulturgeschichte der Nutztiere. München 1912

Robert-Tornow, G.: De apium mellisque apud veteres significatione et symbolica et mythologica. Berlin 1893

Seyffert, C.: Biene und Honig im Volksleben der Afrikaner. Leipzig 1930

Stern, H.: Sterns Bemerkungen über Bienen. München 1971

Vogt, A.: Geometrie und Ökonomie der Bienenzelle. Breslau 1911

Witzgall, J.: Das Buch von der Biene. Stuttgart 1899

Verzeichnis der Abbildungen

Die Abbildungen auf den Seiten 2, 6, 11, 15, 16, 18, 24, 27, 29, 36, 37, 43, 46, 47, 49, 51, 53, 55, 56, 57, 58, 66, 71, 74, 77, 79, 81, 83, 85, 87, 91, 93, 99, 105, 106 nach Originalen aus der Sammlung K. A. Forster.

Register

Wir danken den Staatlichen Antikensammlungen München, den Staatlichen Museen in Berlin-Dahlem und Berlin-Charlottenburg, dem Roemer-Pelizaeus-Museum Hildesheim, dem Kunsthistorischen Museum in Wien, den Archäologischen Instituten der Universitäten Basel und Wien, der Bayerischen Staatsbibliothek München, der Schweizerischen Landesbibliothek in Zürich, der Kirchgemeinde Stuppach, Herrn Altrock, München, und anderen öffentlichen und privaten Sammlern, die uns Fotos zur Verfügung gestellt bzw. Fotoerlaubnis gegeben haben. Unser ganz besonderer Dank gilt Herrn Dr. Wolfgang Steche, Leiter der Landesanstalt für Bienenkunde der Universität Stuttgart-Hohenheim, für Anregungen, Hinweise und fachliche Beratung. W. R.

Inhaltsverzeichnis

Biene und Bienenzucht

Herausgeber Dr. Anton Büdel und Edmund Herold
2. unveränderte Auflage. 384 Seiten, 500 Fotos und Zeichnungen,
Farbtafel der Bienenrassen. Lexikonformat. Ganzleinen DM 45,–

Dieses Gemeinschaftswerk zahlreicher in- und ausländischer Wissenschaftler und
Praktiker gibt einen umfassenden Überblick über alle Fragen der Bienenkunde und der
praktischen Imkerei. Die Hauptkapitel: A. Die Biene als Lebewesen. B. Die
Voraussetzungen für das Bienenleben. C. Der Nutzen der Biene. D. Die Bienenzucht.
E. Bienenkrankheiten, Bienenschädlinge und Bienenvergiftungen.

Friedrich Karl Böttcher

Bienenzucht als Erwerb

3., neubearbeitete und erweiterte Auflage. 272 Seiten, 92 Fotos und Zeichnungen.
Lexikonformat. Leinen DM 42,–

Alle Fragen, die sich dem Imker zur Wirtschaftlichkeit der Bienenzucht stellen,
werden in diesem Buch erschöpfend und klar beantwortet. Besonders wird auf starke und
überstarke Völker, deren Entwicklung, Überwinterung und richtige Fütterung
eingegangen. Der Autor bespricht die Haltung von Völkern mit zwei Königinnen und
gibt neue Anregungen für den Honigabsatz.

Beute und Biene

Grundlagen und Methoden der amerikanischen Magazin-Imkerei

Herausgegeben von Roy A. Grout und Friedrich Ruttner. Mit Beiträgen der bekanntesten
amerikanischen Experten. 2. Auflage. 400 Seiten, 180 Abbildungen. Lexikonformat.
Leinen DM 48,–

Dieses Standardwerk der amerikanischen Magazin-Imkerei stellt eine Herausforderung
dar. Man liest und ist verblüfft, wie in den USA die Bienenhaltung rationeller und
ertragreicher gestaltet wird. Wie ist das möglich? »Beute und Biene« gibt Antwort:
grundlegend, anschaulich, mit Informationen aus erster Hand.

Preisänderungen vorbehalten

Ehrenwirth Verlag

Fachbücher für den Imker

Joachim Evenius / Walter Kaeser
Das Honigbuch
Entstehung, Gewinnung, Behandlung, Lagerhaltung, Absatz und Bewertung des Honigs.

7. neubearbeitete und ergänzte Auflage. 112 Seiten, 53 Abbildungen. Gebunden DM 14,80

Anna Maurizio / Ina Grafl
Das Trachtpflanzenbuch
Nektar und Pollen – die wichtigsten Nahrungsquellen der Honigbiene. 288 Seiten, 112 Abbildungen. Gebunden DM 24,80

Dieses Lexikon bietet in konzentrierter Form alle notwendigen Angaben über die botanischen Gegebenheiten, Trachtwert und imkerliche Situation.

Friedrich Ruttner
Zuchttechnik und Zuchtauslese bei der Biene
4. Auflage in Vorbereitung

Edmund Herold
Neue Imkerschule
248 Seiten, 117 Abbildungen, 1 Farbtafel. Gebunden DM 24,80

Bruder Adam
Meine Betriebsweise
2. Auflage, neu bearbeitet. 80 Seiten, 31 Fotos und Tafeln. Paperback DM 12,80

1. Teil: Biene, Beute, Betriebsform
2. Teil: Zucht und Zuchtziele

Heinz Ruppertshofen
Der summende Wald
3. neubearbeitete Auflage. 192 Seiten, 71 Fotos, 27 Funktionsdarstellungen und Zeichnungen. Gebunden DM 19,80

Waldimkerei, Waldhygiene u. Waldtrachtlenkung werden dargelegt.

Vinzenz Weber
Das Wachsbuch
184 Seiten, 46 Fotos und 20 Zeichnungen. Paperback DM 19,80 Erzeugung und Behandlung des Bienenwachses, Geräte, Verarbeitung, Fertigwachs, das Kittharz.

Preisänderungen vorbehalten

Ehrenwirth Verlag